瞬态操作模式下过程安全指南：开车及停车过程风险管理

Guidelines for Process Safety During the Transient Operating Mode: Managing Risks during Process Start-ups and Shut-downs

〔美〕Center for Chemical Process Safety 编著
刘昳蓉 袁小军 雷宇航 于 洋 等译
鲁 毅 校审

中国石化出版社
·北京·

内 容 提 要

本书基于CCPS基于风险的过程安全(RBPS)管理理念，结合实际运行经验，对瞬态操作模式下过程安全的管理进行讨论，包括装置常规的三种运行模式(正常、异常和紧急)及10种瞬态操作模式下的风险注意事项，涉及临时作业的操作要求、可能导致重大事故场景的相关内容及相对应的管理要求等。另外，部分章节引用了相关事故案例，以加深读者对章节内容的理解。希望读者通过阅读本书了解并应用瞬态操作下过程安全的内容，从而降低重大事故场景的发生率及影响。

著作权合同登记　图字：01-2021-2818号

Guidelines for Process Safety During the Transient Operating Mode：
Managing Risks during Process Start-ups and Shut-downs
By Center for Chemical Process Safety(CCPS)，ISBN:978-1-119-52915-6

图书在版编目(CIP)数据

瞬态操作模式下过程安全指南 ：开车及停车过程风险管理 / 美国化工过程安全中心编著 ；刘昳蓉等译 . 北京 ：中国石化出版社，2024. 11. — ISBN 978-7-5114-7726-2

Ⅰ. U471. 15-62

中国国家版本馆CIP数据核字第2024GA8704号

中国石化出版社出版发行

地址:北京市东城区安定门外大街58号
邮编:100011　电话:(010)57512500
发行部电话:(010)57512575
http://www. sinopec-press. com
E-mail:press@ sinopec. com
北京科信印刷有限公司印刷
全国各地新华书店经销

*

710毫米×1000毫米16开本11印张190千字
2024年11月第1版　2024年11月第1次印刷
定价:75. 00元

译者的话

在当今全球化的时代，化工行业作为推动经济发展的关键力量，其重要性不言而喻。化工产品广泛应用于我们生活的方方面面，从日常的衣食住行到高科技领域的创新突破，都离不开化工行业的贡献。然而，化工生产过程涉及复杂的工艺、特殊的设备以及众多危险化学品，这使得其操作环境充满了挑战和风险，尤其是在开车及停车等瞬态操作期间，稍有不慎就可能引发严重的安全事故。

《瞬态操作模式下过程安全指南》一书基于美国化工过程安全中心(CCPS)的风险管理理念，结合实际案例和经验，为读者提供了一套全面而系统的指导方案。本书聚焦于瞬态操作模式下的风险识别与控制，介绍了正常、异常和紧急三种运行状态，以及十种瞬态操作模式中的注意事项。通过详细阐述每一种情况下的具体要求，不仅提供了理论上的指导，还包含了许多实用的操作建议。另外，还讨论了与生命周期相关的过渡时间，如首次开车、寿命结束时的停车、封存与退役等。强调了在这些特殊阶段，进行充分规划、严格管理和有效风险控制的重要性。最后，本书基于风险的过程安全思考部分，还讨论了基于风险的过程安全(RBPS)模型的四个支柱及其要素在瞬态操作中的应用与影响；分析了支柱薄弱环节对过程安全绩效的不利影响等；强调了操作纪律的重要性，并提出了提高过程安全绩效的方法，鼓励企业加强协作、持续改进，从事故中吸取教训，以实现卓越的过程安全管理。

我们坚信，翻译不仅仅是文字的转换，更是知识的传播和文化的交流。正是基于这种观念，北京风控工程技术股份有限公司译者团队始终秉持严谨认真的态度，力求准确传达原著的精髓，为读者提供一本高质量的中文译本。我们衷心希望广大化工行业从业者能够从这本译著中受益。愿本书成为你们工作中的得力助手，在开车及停车等关键操作环节中为你们提供可靠的指导，帮助你们有效降低风险，确保化工生产过程的安全与稳定。

让我们携手共进，共同推动化工行业朝着更加安全、可持续的方向发展，为社会创造更大的价值。

最后，对于文中错误之处，恳请读者批评指正。

目　录

第一部分　正常操作

第二部分　异常和紧急操作

第三部分　其他考虑事项

表格清单

插图清单

缩 略 语

AIChE ——American Institute of Chemical Engineers，美国化学工程师协会

C ——Consequence(see Equation 10. 1)，后果[见式(10. 1)]

CCPS ——Center for Chemical Process Safety，化工过程安全中心

ERP ——Emergency Response Plan，应急响应预案

ERT ——Emergency Response Team，应急响应小组

ESD ——Emergency Shutdown Device，紧急关停设施

ESS ——Emergency Shutdown System，紧急关停系统

F ——Frequency(see Equation 10. 1)，频率[见式(10. 1)]

FAC ——First Aid Case，急救处理事故

HAZOP ——Hazards and Operability Study，危险与可操作性分析

HIRA ——Hazards Identification and Risk Analysis，危险识别与风险分析

ITPM ——Inspection，Testing，and Preventive Maintenance program，检验、测试和预防性维修计划

LOPA ——Layer of Protection Analysis，保护层分析

LL ——Lesson Learned，吸取的教训

LS ——Lesson Strength，课程强度

LTI ——Lost Time Injury，损失工时事故

MOC ——Management of Change，变更管理

MTC ——Medical Treatment Case，医疗处理事故

NM ——Near Miss，未遂事故/险情

OD ——Operational Discipline(see Equation 10. 1)，操作纪律[见式(10. 1)]

ORR ——Operational Readiness Review，操作就绪审查

PDCA ——Plan，Do，Check，Act，计划、执行、检查、处理(戴明环)

PHA ——Process Hazards Analysis，过程危害分析

PPE ——Personal Protective Equipment，个人防护设备

PSSR ——Pre-Startup Safety Review，投产前安全分析

R ——Risk(see Equation 10.1)，风险[见式(10.1)]

RBPS ——CCPS Risk Based Process Safety，CCPS基于风险的过程安全

SIMOPS ——Simultaneous Operations，交叉作业

SIS ——Safety Instrumented System，安全仪表系统

SWP ——Safe Work Practice，安全生产实践

US CSB ——United States Chemical Safety and Hazard Investigation Board，美国化学品安全及危害调查委员会

术　语

以下包含了本书中涉及的一些常用术语，以及 CCPS 过程安全词汇表中的一些相关术语。有关正常、异常和紧急操作的术语，请参考表 2.1；有关瞬态操作模式的术语，请参考表 2.2。本书中的术语在本书出版时是最新的；如需了解 CCPS 过程安全词汇表的更新，请参考 CCPS 网站。

运行前准备——Conduct of Operations(COO)：CCPS 基于风险的过程安全模型中的一个要素。也是一个组织的价值和原则在管理系统中的体现，它的制定、实施和维护是为了：(1)以符合组织风险容忍度的方式构建操作任务；(2)确保每项任务的执行都是审慎和正确的；(3)尽量减少操作过程中的波动。参见操作原则。

后果——Consequence(C)：损失事件产生的不良后果，通常以健康和安全影响、环境影响、财产损失和业务中断等方面来进行衡量。参见式(10.1)。

偏差——Deviation：超出既定设计阈值、安全操作阈值或标准操作程序的工艺条件。

紧急关停设施——Emergency Shutdown Device(ESD)：一个旨在根据紧急关停系统的指令将系统关闭到安全状态的装置。

紧急关停系统——Emergency Shutdown System(ESS)：当工艺参数偏离其预设条件时，用于超驰控制基本过程控制系统，优先实施关停动作的安全系统。

频率——Frequency(F)：一个事件在单位时间内发生的次数(例如，1000 年中发生一次的事件=1×10^{-3}个事件/年)。与“可能性”同义。见式(10.1)。

危险识别与风险分析——Hazards Identification and Risk Analysis(HIRA)：HIRA 是一类分析方法的统称，包括在设施的整个生命周期内，识别危险和评估风险的所有分析方法。以确保对员工、公众或环境的风险始终控制在组织的风险容忍度之内。

检验、测试和预防性维修计划——Inspection，Testing，and Preventive Maintenance(ITPM) Program：计划性的主动维修，旨在：(1)评估设备的当前状况和/或老化速度；(2)测试设备的运行/功能；(3)通过恢复设备状态(维修，更换易损件等)预防设备故障。

损失事件——Loss event：在异常情况下发生不可逆物理事件的时间点，并可能造成损失和危害。

操作纪律——Operational Discipline(OD)：操作纪律可以确保每次都能正确执行所有操作任务。

注：操作纪律是指组织内的个人执行 CCPS RBPS 的运行前准备(COO)要素。见公式 10.1 中风险的影响。

停车检修——Outage：见停车大修。

酸洗——Pickling：一种用于去除杂质的金属表面处理方法。可处理铁系金属、铜、贵金属和铝合金表面的无机污染物、铁锈或水垢。酸洗液中通常含有酸，用来去除表面杂质。

计划、执行、检查、落实——Plan，Do，Check，Act(PDCA)：质量改进的四步程序。在第一步(计划)中，制定一个实现改进的方法。在第二步(执行)中，来执行计划。在第三步(检查)中，将预测的情况与上一步观察到的情况进行比较。在最后一步(落实)中，优化计划以消除绩效差距。

风险——Risk：以事件的可能性(频率)和损失/伤害的程度来衡量人员伤害、环境破坏或经济损失。

注：这种关系的简化版本将风险表示为频率和后果影响的乘积(即，风险=频率×后果)。见式(10.1)。

基于风险的过程安全(RBPS)——Risk Based Process Safety(RBPS)：CCPS 的过程安全管理系统方法，采用基于风险的战略和实施策略，管理过程安全活动、资源的可用性和现有的过程安全文化，通过设计、纠正和改善过程安全管理活动使其符合过程安全管理中识别的需求。

风险矩阵——Risk matrix：用来展示风险容忍度标准的表格，通常由 Y 轴上的事件可能性等级和 X 轴上的事件后果严重性等级组成。表格中的每一个单元格(在事件可能性和事件后果严重性的交叉处)代表一个特定的风险水平。

安全仪表系统(SIS)——Safety Instrumented System(SIS)：由传感器、逻辑处理器、最终元件和支持系统构成的独立组合，其设计和管理可以达到特定的安全完整性等级。

注：一个 SIS 可以实现一个或多个安全仪表功能(SIF)。

停车(S/D)——Shutdown(S/D)：使运行中的工厂或系统进入安全的停止

运行模式的过程。

注：等同于本书中讨论的多种停车的瞬态操作模式(表2.2)。

重大损失事件——Significant loss event：某个异常情况下的时间点，发生不可逆转的物理事件并造成损失和危害影响。

注：公司可以根据对人员、环境、财产和生产中断的影响——相较于他们的“风险容忍度”来定义“重大”。见风险矩阵。

备用模式——Standy mode：通常情况下不运行，但随时准备好运行的硬件操作模式。例如紧急柴油发电机。

注：在异常情况下对设备进行故障排除时，可将特定设备设置为临时“备用”或“热备用”模式。

致　谢

美国化学工程师协会(AIChE)和化工过程安全中心(CCPS)对“瞬态操作模式下过程安全指南”小组委员会所有成员表示赞赏和感谢，感谢他们为制订和编写本书所付出的巨大努力。此外，CCPS 还要感谢组委会成员各自所在的公司在本项目不同阶段为他们的参与提供了支持。

组委会成员(2016—2018)

Theresa Broussard, Chair	Chevron Corporation
Susan Bayley	Linde Process Plants, Inc.
Don Connolley	BP Corporation NA, Inc.
Eddie Dalton	BASF Corporation
Reyyan Koc Karabocek	ExxonMobil
Pamela Nelson	Solvay
Jitesh Patel	New Jersey DEP
Scott Schiller	BakerRisk
Dan Sliva	CCPS Staff Consultant
Sandeep Vipra	Reliance
Elliot Wolf	Chemours

委员会成员拥有丰富的行业经验和专业知识，因此本书对于制定和管理过程安全计划和管理系统的人员尤为重要。

在图书出版之前，CCPS 的所有图书都要经过同行评审。CCPS 对同行评审人员提出的深思熟虑的意见和建议表示感谢。他们的工作提高了本书的准确性和清晰度。

初稿同行评审员(2018)

Daniel Callahan	Stepan
Charles Foshee	Chevron

Jennifer Mize	Eastman
Al Morrison	Chevron

尽管同行评审人员提供了意见和建议，但并没有要求他们为本书背书，也没有在最终稿发布前对其进行审阅。

本书编写委员会对 ioMosaic 公司的 Elena Prats 和 Kathy Anderson 在编写本书初稿过程中作出的贡献表示感谢。我们衷心感谢 CCPS 的 Bruce K. Vaughen 博士（PE，CCPSC），感谢他在调整图书委员会的工作、处理图书委员会和同行评审人员的最终意见以及撰写最终出版稿方面所作的贡献。

在本书的终稿出版之前，对每一章的初稿以及经过调整和改进的版本进行了额外的技术审查，提出了更多的见解，并将其纳入最终出版稿中。在此对最终审稿人付出的时间表示衷心感谢。

调整稿件和终稿审核人（2020）

Theresa Broussard，Chair	Chevron Corporation
Dan Sliva	CCPS Staff Consultant
Jennifer Bitz	CCPS Project Manager
Pete Lodal	Eastman
Dr. Anil Gokhale，PE	CCPS Project Director

特别感谢 Kiezha Ferrell 对终稿的初版进行了编辑。

献　　词

本书献给那些在处理危险物料和能源行业转型期间因事故而受伤或丧生的人员及其家属。根据从这些事故中吸取的经验教训，人们使用危险和风险管理方法不断改进设施。由于如今对一些与人的表现相关的问题有了更好的了解，因此已经建立了经过改进的工程设计和行政控制措施，以帮助防止此类事故再次发生。本书提出了一个框架，将基于风险的过程安全(RBPS)原则应用于与瞬态操作模式具体相关的活动。作者希望，本书中提供的降低风险方法可以在组织的现有过程安全和风险管理系统中整合和实施，努力实现世界一流的过程安全绩效。

“不要让世界的逆境扼杀你的热情，也不要让世界的逆境蒙蔽你的双眼。要在自信、目标感和积极思考的高原上为实现卓越而奋斗。带着成就的渴望……带着为社会作出贡献的渴望，勇往直前。”

罗纳德-麦克奈尔，1950—1986 年
美国国家航空航天局宇航员——挑战者号航天飞机

序

美国化学品安全与危害调查委员会(CSB)负责独立调查危险物质泄漏事故的根本原因，作为该委员会的主席，我目睹了瞬态操作所涉及的复杂过程。更重要的是，我和许多尽职尽责的安全专业人员都目睹了公司设施中不经常使用的非例行程序所造成的人员伤亡、财产损失和环境破坏。

CSB 以前曾在调查中研究过瞬态操作问题，其中一些在本书中有所讨论，包括紧急停机程序、开车程序导致的事故以及正常停机程序导致的事故。例如，从开车操作中吸取的经验教训表明，设施应遵循既定的开车程序，认真执行开车前安全审查，并彻底检查设备、管道、仪表和储罐是否损坏或安全系统是否受损。在执行不属于正常处理过程的任务时，以及通常在人工控制下完成的任务或培训频率较低的任务时，必须尽职尽责。准备工作和健全的管理系统对于确保安全、可预测的临时作业至关重要。良好的安全措施就是良好的商业措施。

除了过程或设施停运和退役活动外，企业还面临着极端天气、恶意破坏和其他外力造成的意外停机和开车操作。美国 2017 年的飓风季是该国历史上破坏力最大的飓风季之一，许多公司暂时停车，这就需要它们再次开车。同样，由于恶意破坏者的行为，全世界都在持续关注意外或紧急停车的风险。

在可预见的未来，这些意想不到的、复杂的化学工艺危险管理挑战仍将是我们始终要考虑的问题。

然而，安全专业人员也认识到，任何单一的清单都不足以进行全面的风险评估。危险识别是管理安全风险，防止灾难性、高影响事故发生的关键第一步。CCPS 及其敬业的专家志愿者和员工一直致力于收集和分享过程安全方面的经验教训。他们的出版物是过程安全培训和实施计划的基础要素之一。这些指南是对化工行业的又一有意义的贡献，使化工企业能够遵循与瞬态操作相关的既定程序和检查清单。

美国哲学家威廉-詹姆斯说过：“研究异常是理解正常的最好方法”。本书提供了一个宝贵的视角，让我们了解异常和设施意外运行的特殊性。工厂有能力遵守适当的安全管理系统，在发生事故时参与应急计划和响应活动，并从险情或小事故中吸取教训，不断改进。

行业内信息共享和信息吸收所面临的挑战既困难又不断变化。安全专业人员正以饱满的热情、顽强的毅力和执着的精神应对这些挑战，以开发更好的分析方法和实施强有力的安全实践。CCPS 及其技术指导小组委员会为事故预防、危险识别和缓解工作提供了新的视角，以解决瞬态操作期间的脆弱性问题，从而极大地体现了这种韧性。在这个技术和操作相互关联、相互依存的新时代，有必要为从业人员(包括在职专业人员和学生)提供广泛的经验教训，就计划内和计划外的开停车操作提供全面指导。虽然这些活动很少发生，但这并不会减少意外化学品泄漏、火灾或爆炸对人类和环境造成的灾难性影响。

持续改进是 CSB 的核心价值观，它被定义为创建一种文化，寻求从所有经验中学习，获取新知识，考虑所有观点，设定新目标，并应用所汲取的经验教训。马克·吐温曾说过："不断改进胜于迟来的完美"，那么读者将有机会深入了解这些指南，以便第一次就把工作做对。值得注意的是，本书及其附录详细(尽管并非详尽无遗)地列出了瞬态操作过程中固有的许多潜在危害和风险，使读者更容易理解。

安全是一项共同的责任，安全的瞬态操作需要规划、沟通、良好的程序、培训、跨学科工作人员的参与和出色的执行。本书为任何处理危险物料的工厂提供了一个框架，以减少瞬态操作期间出现严重事故的数量。

瓦妮莎-艾伦-萨瑟兰
主席兼首席执行官，2015—2018 年
美国化学安全与危害调查委员会
美国华盛顿特区

前　言

四十多年来，美国化学工程师协会(AIChE)一直密切关注化工、石化和相关行业的过程安全、环境和损失控制问题。通过与工艺设计人员、操作人员、安全专业人员和学术界人士的紧密联系，AIChE加强了这些群体之间的沟通并促进了他们的持续改进。AIChE的出版物和研讨会已成为致力于过程安全、环境保护和损害预防人员的信息资源。

1984年印度博帕尔发生重大工业事故后不久，AIChE于1985年创建了化工过程安全中心(CCPS)。CCPS的宗旨是开发和传播用于预防事故的技术信息。CCPS得到了210多个行业赞助商的支持，这些赞助商为CCPS的技术指导委员会提供了必要的资金和专业指导。CCPS活动的主要产出是一系列指导原则和概念书籍，以帮助那些实施基于风险的过程安全(RBPS)方法各种要素的人员。本书是该系列的一部分。

本书的范围涉及对有效管理与不同瞬态操作模式相关的风险至关重要的过程安全活动，同时认识到并非所有活动都适用于每种模式。本书的目标受众是企业中应确保过程安全的每个人：经理、主管、工程师、操作员、机械师、电工和相关支持人员。本书强调了为什么每个人都需要遵守操作纪律，了解自己的职责，并运用自己的技能完成任务；它有助于降低过程安全风险，尤其是在工艺从闲置、静止和安全状态到正常运行之间转换之前、期间和之后的相关活动中。

本书在正常、异常和紧急操作的背景下定义了瞬态操作模式，以提供清晰易懂的术语，并建立一致的语言来传达与这些流程开停车相关的风险，以及在这些时期如何有效管理这些风险。此外，本书还将简要介绍与瞬态操作模式相关的活动方法，这些方法在其他CCPS出版物中有更详细的介绍。例如，在将过程安全纳入与工艺和设施停机相关的工程项目时，本书与CCPS另一指南之间的联系(详情见第4章和第5章)。

在化工、石化及相关行业建立与安全运行相关的工况过渡时，过程安全应该是一个主要考虑因素。了解如何以最佳方式管理与瞬态操作模式相关的风险，尤其是在开车或停车过程时，将有助于降低风险，预防和减轻事故。CCPS技术指导委员会发起编制本书，以帮助企业努力实现世界一流的过程安全绩效，尤其是在开车和停车过程中。

“安全、损失预防、安保和环境保护是化学工程师的基本职责，无论是作为一名工程师，还是作为一名化学品运营和营销的主管或经理，都应如此。无论是工程专业的学生还是专业人员，都应将其作为学习和从业的首要考虑因素。”

肯特-戴维斯

人员与安全前总监

美国陶氏化学公司 运营部(约 1988[1])

1 概述

1.1 引言

本章讨论了本书的范围、受众以及本书给读者带来的益处。对于不熟悉CCPS基于风险的过程安全(RBPS)方法的读者，本章还简要概述了其框架，包括如何将经验教训(RBPS支柱之一)纳入各章。本章最后一节为读者提供了指南的框架：如何根据设施的操作类型(正常、异常和紧急)和每种临时作业模式相关的风险组织章节，即该书的主题——取决于该流程当时正在进行的操作模式。

1.2 本书适用范围

本书涉及对有效管理不同*瞬态操作模式*相关风险至关重要的过程安全活动，提出并非所有活动都适用于每种模式。由于在大多数装置的正常运行中，开车和停车期间的事故风险可能很高，因此本书介绍了开车和停车期间发生的事故，提供了关于事故发生原因的见解以及如何在未来将风险降至最低的指导。应理解“瞬态操作”和“瞬态操作模式”之间的重要区别。本书定义了正常、异常和紧急运行情况下的瞬态操作模式，为“瞬态操作模式”提供了一个清晰易懂的术语。有关这一区别的详细信息将在第2章中介绍。

其他“瞬态操作”*不适用*于本书。此外，这些瞬态操作包括“不经常或非常规活动”和“权变措施”。这种区别对于理解本书的范围至关重要，因为术语“瞬态操作”意味着许多不同的事情，这取决于注意此类过渡时间的人的背景和观点。

例如，“瞬态操作”包括聚合物反应器中的主要品位变化或炼油厂从夏季到冬季的操作模式变化。这些通常是例行实践，有良好的文件化程序，通常在不停机的情况下完成。本书也不包括这些类型的瞬态操作。

应注意的是，执行非常规作业的个人，都应了解执行频率低于正常活动相关的危害和风险。如本书序中所述，“许多尽职尽责的安全专业人员都目睹了公司设施中不经常使用的非例行程序所造成的人员伤亡、财产损失和环境破坏。”

此外，权变措施可以定义为“为克服问题而制定的创造性解决方案，实际上未解决问题”。良好的权变措施可以是小的、快速的、简单的“短时”的改变，这些改变会在装置中产生“负面的记忆”[2,p.209-234]。换句话说，当执行非常规作业或进行简单的材料或程序更改的人员没有彻底更新对作业危险的理解，并且没有彻底解决作业的风险时，事件即将发生，或已经发生了。

本书所述范围的另一种表述方式是认识到瞬态操作模式是有计划的、预期的活动，即使其中一些活动(如紧急停机)是需要尽可能避免的。无论是在正常操作期间还是在过渡期间，所有操作模式都需要制定程序，这些程序必须被记录审核，并通过培训和在职练习进行实践。相比之下，还有其他未计划的瞬态操作模式，因此应针对当前的具体情况，采用严格的变更管理和危害评估程序进行临时处理。例如，如果间歇式反应器误操作加入了错误的反应物，并且产生了无法通过正常清洁程序去除的黏性物质，这种情况通常没有适用的作业程序。在这种情况下，需要一个专家小组制定具体的、非常规的行动，以从这种偏差中恢复过来。该专家组应理解潜在危害并评估其相关风险，确保非常规活动不会使人员面临危险物质或能量失控的风险。

简而言之，如果异常操作有相关程序(即使仅包括“按下急停按钮并撤离”)，则在本书讨论范围内。如果没有相关程序，则该活动不在本书范围内。

清晰的定义有助于在从业者之间建立一致的语言讨论瞬态操作模式特定风险，以及如何有效管理每个瞬态操作模式的风险。由于本书的范围仅限于瞬态操作模式，因此其他参考文献被标注为额外资源[3],[4],[5],[6],[7],[8],[9]。特别是，20世纪90年代总结的一些事件数据，包括：

“……*强调开车和停车程序需要足够详细，以涵盖已知的隐患和意外事件。在维护方面，良好的沟通至关重要，这样每个人都知道其他人在任何时候都在做什么，以及每个人都有什么责任。责任分离或不明确会导致灾难。*[3,p.3-4]”

“*为了[帮助]避免此类事件的发生，装置应采用有效的沟通方式，为工人提供适当的培训，并为危险操作(如启动和关闭)制定强有力的最新政策和程序*[5,p.1]。”

当设备正在关停(过程)中，本书中使用“关停”一词，用于区分过渡期间(设备关停过程)在运行设备上进行的相关活动和设备不运行时进行的相关活动(停车状态)。特别是在讨论事故/事件时这一用词的区分非常重要，因为许多事故/事件报告都提到了“停车”，但并没有对设备正在关停过程中或是设备设施已经处在停车期间加以区分。因此，本书中的事件将集中于设备关停过程中发生的事故/事件。为了保持本书的一致性，当工艺设备或工艺操作处在启动过程中，将使用“启动”一词(另一种常见说法是“开车”)。

本书将讨论两种一般瞬态操作模式(工艺操作在其闲置和运行状态之间转换的时间)。具体而言，正常启动和正常关闭时间定义为：

1. 从怠速、安全和静止状态到正常运行的开车时间；

2. 从正常运行恢复到正常怠速、安全和静止状态的停车时间。

如果发生临时紧急停车，工艺设备的受控最终状态应为闲置、安全和静止状态。如果发生非临时紧急停车，则非运行终端状态可能不安全。恢复操作前，应解决相关危害及其相关风险。

在区分项目中的启动和停车模式以及启动和停车阶段时，已尽一切努力在本书中保持一致(见第4章中的讨论)。

1.3 读者对象

本书的目标受众是组织中所有级别的人员，他们的责任包括保证装置的过程安全，尤其是在瞬态操作模式期间。这包括各级决策者：高级管理人员、公司经理、装置和集团经理、主管、工程师、操作员、机械师、电工和相关支持人员，以及承包商和承包商管理人员。这一受众并不太广泛[10],[11],[12],[13]。当决策者(无论其在组织中处于何种级别)不知道其决策可能或者确实在瞬态操作模式下增加其过程安全风险时，就会发生严重事故。

每个人都应该理解，他们的决策对瞬态模式(开车或停车)产生怎样的影响。当一切顺利时，当正常的开车、操作和停车按预期进行时，可以根据操作经验、完善的操作程序和全面的技能培训有效地管理风险。整个公司的这些努力是综合过程安全和风险管理计划的一部分。因此，每个人都要遵守既定程序的操作纪律，并了解如何安全管理过渡期间可能出现的意外情况。后续所述内容表明，如果不了解管理过程安全风险的复杂性，一些快速决策会导致严重的过程安全事件。发生这些事件的部分原因是不同群体的短期和长期决策，例如为制造工作提供资源的决策、安排产品的决策以及设计、建造、操作、维护和更换处理危险物料和能量设备的决策。

1.4 本书益处

本书所介绍的，是从世界各地几十年的过程安全危害和风险降低经验——无论良好或糟糕的经验——中收集的信息，希望在本书中得到了充分的表达。特别是，当了解并应用这些信息来解决与开车和停车时间相关的风险时，公司的总体风险将降低。减少重大后果和事件影响；并在未来发生更少与死亡、重伤、环境损害、财产损失和业务中断损失有关的事件。

1.5 基于风险的过程安全(RBPS)要素的应用

CCPS 基于风险的过程安全(RBPS)方法是一种经过验证的方法。可帮助公司了解其过程安全危害，并有效管理其过程安全风险[14]。RBPS 方法包括一个过程安全管理计划，该计划有四个“支柱”和二十个“要素”，整合了公司的整体过程安全风险管理工作。该方法是根据世界各地不同司法管辖区的许多行业组织的成功经验编制而成的。这种方法在今天继续发展。不熟悉这些支柱和元素的读者，请参阅第 10 章了解概况，因为开车和停车事件的讨论和经验教训将基于 CCPS RBPS 基础。

1.6 事件讨论和指南

本书使用了已发布的调查报告和公司内部事件信息中的事件，这些事件提供了开车或停车期间哪些进展顺利，哪些出错的详细信息。分享内容包括通用事件数据库或匿名公司事件，并且所有人都可以从中学习。

所有人都是从经验中学习。

分享事件的目的是让其他人从该事故中学习，避免同类事故发生。全球共同目标是降低过程安全风险，防止对人员、环境和业务造成伤害的事件发生。展示的案例均被审查过，应注意：

1. 这些经验教训的指导是在第 10 章所述的 CCPS RBPS 框架下制定的；

最重要的是：

2. 这些案例有些发生在 2007 年首次发布 CCPS RBPS 指南之前，但可以帮助提供经验教训，以反映该风险处理方法的益处。

因此，这些事故通过识别事件发生时未实施或未有效实施的要素为我们提供了经验教训。不幸的是，2007 年之后发生的事件只会强化一个简单的事实，即还有很多东西需要学习。即使后来发表了其他基于风险的方法，如果公司不去理解并应用基于风险的过程安全方法，重大事件仍可能会发生。

1.7 本书结构

本书中的整体章节顺序遵循使用基于图 1.1 所示的正常、异常和紧急三种一般运行模式框架的运行团队活动：

- 概述和定义(第 1 章和第 2 章)；
- 第一部分——正常操作(第 3 至第 5 章)；
- 第二部分——异常和紧急操作(第 6 至第 8 章)；
- 第三部分——其他注意事项(第 9 章和第 10 章)；
- 附录(事件审查和附加信息)。

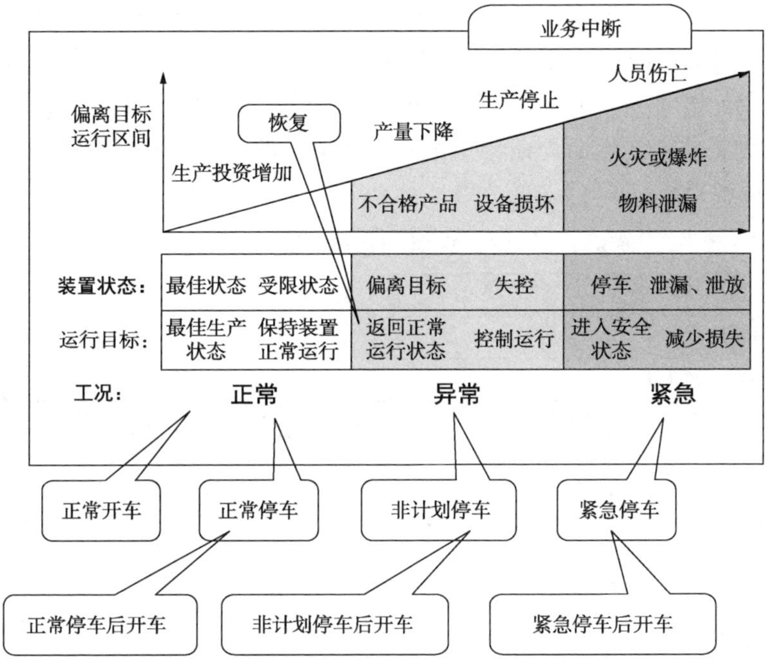

图 1.1　装置运行的三种类型及其对应的瞬态操作模式[15,p.22]

这三种运行模式为不同类型的过渡时期奠定了基础。必须注意的是，正常操作是日常的预期操作模式。在此模式下，一切都按预期进行。有标准的开车和停车程序，用于在闲置设备和运行设备之间转换，一切都按照设计和计划进行。然而，并不是每一天都按照计划进行。有时，装置可能会出现异常操作，或者如果操作人员无法解决问题，可能会进行紧急操作。

表 1.1 介绍了本书中讨论的 10 种瞬态操作模式。附录提供了详细的事件回顾摘要，重点关注表 1.1 中所列的瞬态操作模式下发生的已发布事件，并包括关于如何更有效地管理意外情况的额外指导，特别是那些在瞬态操作模式下可能导致或可能发生的情况。

表 1.1　不同类型的瞬态操作模式清单

不同类型的瞬态操作模式			
1	停车(正常)	6	长时间停车后开车
2	开车(正常)	7	非计划停车的停车活动
3	为计划停车而设计的停车	8	非计划停车后开车
4	计划停车后开车	9	紧急停车的停车活动
5	为长时间停车而设计的停车	10	紧急停车后开车

表 1.2 列出了本书的框架以及对应的章节：

1. 本书的范围，即 10 种开车和停车瞬态操作模式，将在第 4 章到第 8 章中介绍。

2. 与设备或工艺生命周期特别相关的其他过渡时间，初始开车和最终停车，将在第 9 章中介绍。

表 1.2　本书的章节框架

章节			
1	概述		
2	定义瞬态时间		
第一部分　正常操作		**瞬态操作模式类型**	
3	正常操作	1	停车(正常)
		2	开车(正常)
4	工艺停车	3	为计划停车而设计的停车
		4	计划停车后开车
5	装置停车	5	为长时间停车而设计的停车
		6	长时间停车后开车
第二部分　异常和紧急操作			
6	恢复操作		
7	非计划停车	7	非计划停车的停车活动
		8	非计划停车后开车
8	紧急停车	9	紧急停车的停车活动
		10	紧急停车后开车
第三部分　其他考虑事项			
9	瞬态期间的其他考虑事项		
10	基于风险的过程安全(RBPS)注意事项		
附录			
A	事件回顾		

有时设备被安排用于特殊项目或日常维护。虽然这些项目或维护相关的活动是在闲置设备上安全地进行的，但有时这些活动是在运行设备上或附近进行的。正常运行流程图(图 1.2)，包括瞬态操作模式以及相关的工艺停车，涵盖了正常运行模式(第 3 章讨论正常操作，第 4 章为工艺停车，第 5 章为装置停车)、瞬态操作模式——停车和开车，与正常操作、过程停车和设施关闭相关的，这些章节也都有涉及。这些操作模式将在第 2 章中进行更详细的定义。

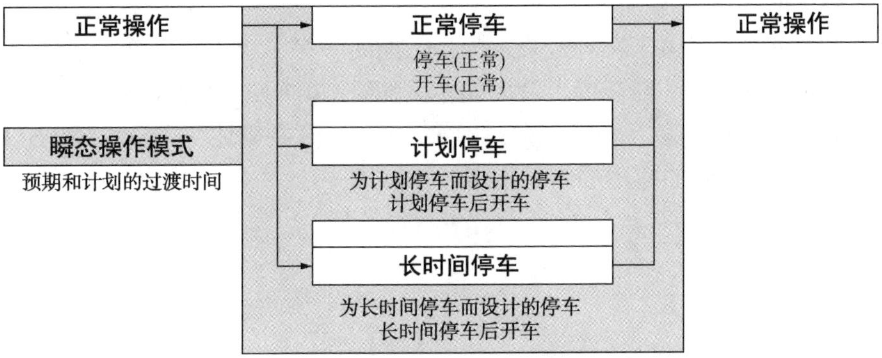

图 1.2 正常操作流程图示例

应通过设计、工程实施和管理措施来监测和应对这些可以预见和考虑到的工艺波动。这些异常操作可能会产生成功或不成功的结果，要么将流程恢复到正常操作条件并恢复正常操作，要么导致非计划工艺停车。如图 1.3 所示，当恢复操作不成功时，可能需要关停设备和工艺，将工艺从正常运行状态转换为停车模式。在这一点上必须注意，有一个临时操作时间，通常被指定为待机模式，在完全恢复工艺条件或关停工艺之前，为诊断工艺异常提供时间。

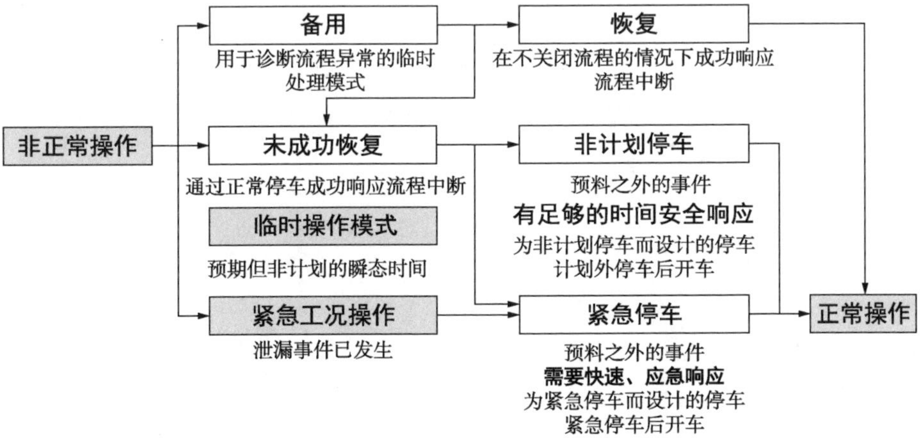

图 1.3 异常和紧急操作流程图示例

如图 1.3 所示，异常运行期间有两种一般类型的停车：正常停车程序和紧急停车程序。请注意，正常停车程序可用于计划内停车和非计划停车。根据定义，紧急停车程序是指计划外事件和紧急情况。如果发生重大损失事件，则启动紧急停车程序，可能对人员、环境和资产造成影响。

本书第二部分涵盖异常和紧急操作模式：第 6 章讨论异常操作的成功响应和恢复；第 7 章讨论与非计划停车相关的停车和开车；第 8 章讨论与紧急停车相关的停车和开车。

本书第三部分涵盖了在有效管理与瞬态期间，存在相关的风险时应考虑的其他事项。第 9 章涵盖了与装置生命周期相关的瞬态时间，如初始启动和退役——最终停车所必需的步骤。最后一章，即第 10 章，简要概述了 CCPS RBPS 方法，为 RBPS 在瞬态期间的应用提供了指南。

2　定义瞬态时间

2.1　引言

本章概述了适用于本书的三种运行模式(第 2.2 节)和 10 种瞬态操作模式(第 2.3 节)的定义。这些定义适用于以下章节中讨论的特定瞬态操作模式。本章以一次启动事件作为结束，首先阐述了应用哪种瞬态操作模式来帮助理解出了什么问题，然后进行系统性更改以帮助防止再次发生故障。

2.2　定义操作模式

如图 1.1 所示，装置运行有三种类型：正常、异常和紧急情况。本书中使用的操作模式定义按顺序列于表 2.1 中，然后在每章中进行更详细的讨论。

- 操作模式：
  - 正常操作(模式)；
  - 异常操作(模式)；
  - 紧急操作(模式)；
  - 瞬态操作(模式)；
- 瞬态运行模式；
- 停车模式；
- 工艺停车模式；
- 装置停车模式；
- 异常情况模式；
- 恢复模式。

2.3　运行中对偏离的应对

图 1.1 中介绍的 10 种瞬态操作模式的定义在表 2.2 中按顺序一一列出，然

后在本书的具体章节中进行详细讨论：

第一部分：正常运行

1. 停车（正常）。
2. 开车（正常）。
3. 工艺停车。
4. 工艺停车后开车。
5. 装置停车。
6. 装置停车后开车。

第二部分：异常及紧急模式

7. 非计划停车。
8. 非计划停车后开车。
9. 紧急停车。
10. 紧急停车后开车。

这里罗列的各操作模式将在第一部分及第二部分中讨论。

表 2.1　操作模式定义

正常操作模式	工艺在开停车阶段（瞬态操作）之间，并且在正常操作条件（标准条件）下运行时的操作模式
	对于连续流程*（稳态系统）：* 工艺条件（例如流速、温度和压力）不随时间变化的，工艺处于正常操作条件并在其标准操作范围内
	对于间歇流程*（非稳态系统）：* 工艺条件（例如温度、压力和浓度）随时间变化，工艺处于正常操作条件并在其标准操作范围内
异常操作模式	在正常操作期间出现工艺扰动，且工艺条件偏离正常操作条件时出现的操作模式
紧急操作模式	异常操作后出现的操作模式，存在以下情况： （1）由于异常操作超出安全操作极限而停车。 （2）由于正常操作期间有害物料或能量泄放而发生紧急停车
交叉操作模式（SIMOPS）	同一地点或相邻的活动处于相关的时间。例如钻井与作业或施工与作业，通常为不同时进行的工作。 注 1：这可能会引入先前针对该设施的 HIRA（危害识别和风险评估）研究未辨识到的新危害，并将不熟悉所有风险以及如何管理这些风险的工作人员聚集在一起。通常需要正式的 SIMOPS 计划和员工培训才能安全地解决这些问题。 注 2：SIMOPS 包括与工程项目、设备/工艺维护活动相关的工作，这些工作或工艺尚未投用（即处于建造或调试阶段）或已停止运行以进行计划检查、测试或预防维护（ITPM）活动

续表

瞬态操作模式	工艺处于转换状态且未处于正常操作模式时 注：瞬态操作包括工艺开停车、正常操作之间的产品转换、正常操作期间执行的非常规活动以及与项目生命周期相关的活动（例如，项目的调试和开车、封存和退役）
瞬态运行模式	当工艺处于启动或关闭瞬态操作模式时，工艺从一种操作状态过渡到另一种操作状态的时间
计划停车模式	工艺设备未运行且正在进行计划的停车或例行维护停车的时间
长时间停车模式	整个工艺单元或设施的工艺设备未运行并且正在经历与项目相关的重大计划停车的时间
异常情况	工艺中导致偏离正常工艺条件的干扰或一系列干扰
恢复模式	操作人员可以安全地应对流程中断并恢复正常操作，将过程恢复到正常运行状态的时间
非计划停车模式	非计划性停车和随后开车之间的时间间隔
紧急停车模式	发生紧急停车后，在设备或流程根据需要进行检查、修理或更换，完成所有开车准备审查，并准备好进入启动瞬态操作模式的时间

表 2.2 瞬态操作模式定义

1	停车或正常停车	*瞬态操作模式*：工艺设备关闭、停止设备并使设备从正常运行状态恢复到结束正常运行的时间
		对于连续流程（*开放、稳态系统*）： 在正常运行结束时停止流程的一系列计划步骤，使工艺设备从正常运行状态变为闲置、安全和静止状态
		对于间歇流程（*封闭、非稳态系统*）： 在正常操作结束时停止流程的一系列计划步骤，将工艺设备从最终操作状态带到清洁、闲置、安全和静止状态，为下一次生产做好准备
2	开车或正常开车	*瞬态操作模式*：工艺设备重新启动（或调试后启动）的时间，使设备处于正常操作的正常操作状态
		对于连续流程（*开放、稳态系统*）： 将工艺设备从闲置、安全和静止状态恢复到正常运行状态的一系列计划步骤
		对于间歇流程（*封闭、非稳态系统*）： 准备和开始间歇流程的一系列计划步骤，使工艺设备从清洁、闲置、安全和静止状态恢复到正常操作状态

续表

3	为计划停车而设计的停车	*瞬态操作模式：*除正常停车程序外，可能还需要其他程序来停止设备，为计划项目或维护停车做准备。 注：如果计划停车涉及其他团队，如工程、维护或承包商，则在执行停车相关活动之前，必须根据需要事先制定特殊许可证和移交程序
4	计划停车后开车	*瞬态操作模式：*在计划项目或维护停车后重新启动设备之前，除正常启动程序外，可能还需要其他程序的时间。 注：如果计划停车涉及其他团队，如工程、维护或承包商，则在恢复运行之前，必须撤销、审查和授权为停车相关活动实施的特殊许可和移交程序。这包括根据需要执行开车前安全审查(PSSR)和运行准备审查(ORR)
5	计划停车用于延长停车时间	*瞬态操作模式：*除正常停车程序外，还需要的程序时间，用于停止设备，为重大项目、重大工艺装置停车或重大设施停运或大修做准备。 注：如果延长停车涉及其他团队，如工程、维护或承包商，则在执行停车相关活动之前，必须根据需要事先制定特殊许可证和移交程序
6	长时间停车后开车	*瞬态操作模式：*在重大项目、重大工艺装置停机或重大设施大修或大修后重新启动设备之前，除正常启动程序外，还需要的程序时间。 注：如果延长停车涉及其他团队，如工程、维护或承包商，则必须在恢复运行前撤销、审查和授权为停车相关活动实施的特殊许可和移交程序。这包括根据需要执行开车前安全审查(PSSR)和运行准备审查(ORR)
7	非计划停车的停车活动	*瞬态操作模式：*运行团队可以使用正常或专门设计的停车控制和程序的时间。 以下情况下可能发生这些停车： (1) 该过程无法从异常情况中成功恢复，可以使用正常停车程序； (2) 有时间为即将发生的自然灾害(如飓风或旋风)准备设施。 注：如果非计划停车涉及其他团队，如维护，则在执行停车相关活动之前，必须根据需要事先准备好特殊许可证和移交程序
8	非计划停车后开车	*瞬态操作模式：*计划外停车后准备和恢复运行的时间。 注：如果其他团队参与了非计划停车，如维护，则在恢复运行之前，必须撤销、审查和授权为停车活动实施的特殊许可证和移交程序。这包括根据需要执行开车前安全审查(PSSR)和运行准备审查(ORR)
9	紧急停车的停车活动	*瞬态操作模式：*运行团队必须使用紧急工程控制和/或行政关闭程序突然关闭流程的时间。以下情况下可能发生这些停车： (1) 当操作条件处于或可能已经超过安全操作限值且没有损失事件时，无法从异常情况中成功恢复流程； (2) 已经发生了损失事件，要求所有人安全响应，包括应急响应人员；

续表

9	紧急停车的停车活动	(3) 发生了不可预测的自然灾害事件(如地震、雷击)。 注：根据设施的应急响应资源和损失事件的程度，可能必须启动应急响应团队(ERT)和应急响应计划(ERP)
10	紧急停车后开车	*瞬态操作模式*：紧急停车后准备和恢复运行的时间。 注：如果紧急停车期是由于对人员、环境或财产造成伤害的事件而发生的，则应在恢复运行之前设计并实施所有特殊重启和运行相关项目。这包括根据需要执行开车前安全审查(PSSR)和运行准备审查(ORR)

2.4 开车事件

如图 2.1 所示，开车事件导致大量氨气云飘过河流[18]。这起事件发生于屋顶安装的管道在停电 7h 后重启设施的制冷系统时。据报道，超过 150 人暴露于泄漏出的氨中，其中 32 人住院，4 人接受重症监护。哪里出了问题？哪种瞬态操作模式适用？系统该如何动作来防止类似事件再次发生？以下章节将探讨此事件以及更多事件，以帮助理解“哪里出了问题”，以及如何防止在瞬态操作模式下发生事件。如图 2.2 所示，该事件发生在非计划停车后的开车期间。该图提供了一个总体时间表，用于帮助确定与正常、异常和紧急操作相关的事件时间，并将在本书的其他章节中进行更详细的讨论。它将用于确定事故发生时采用的瞬态操作模式。第 7 章案例 7.6.3-1 中描述了有关该氨气泄漏事件的其他详细信息。

图 2.1 开车时氨气泄漏事件[18]

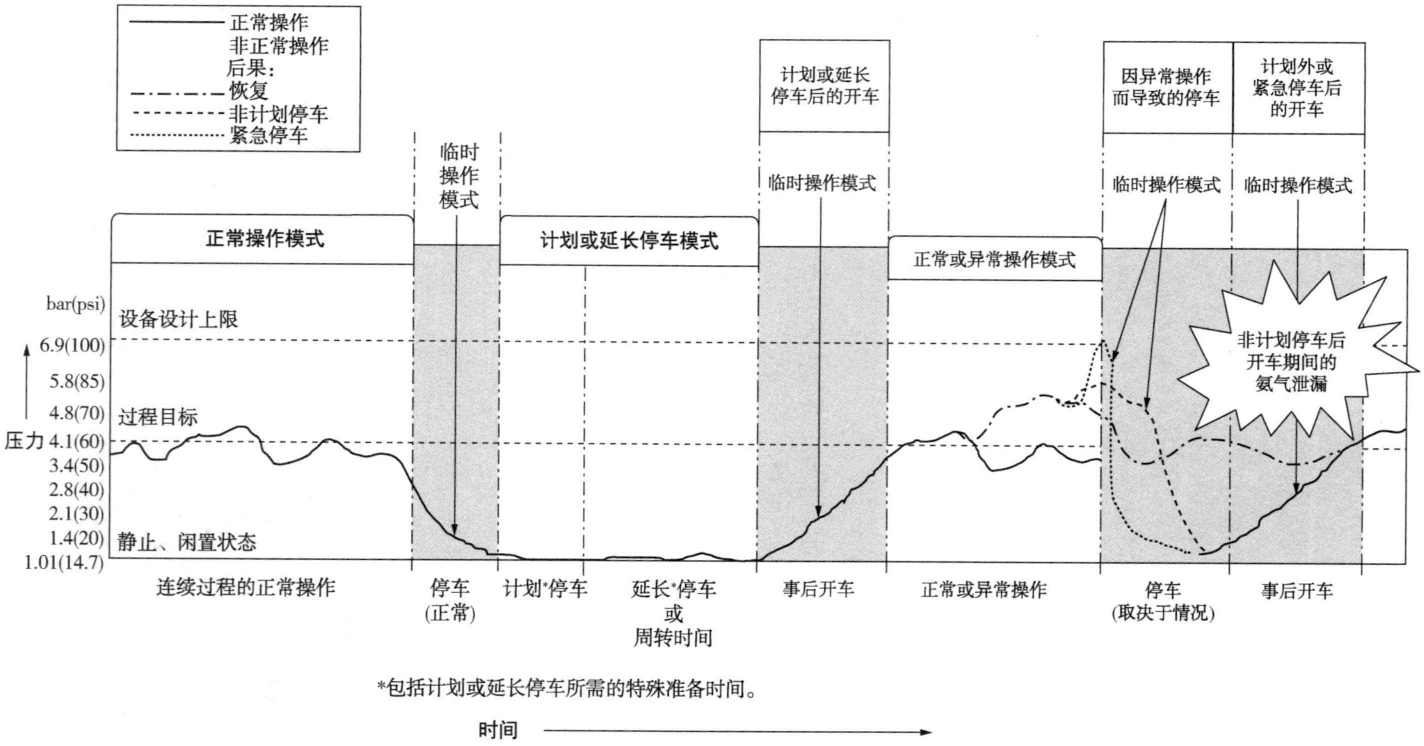

*包括计划或延长停车所需的特殊准备时间。

图2.2　用于确定应用哪种瞬态操作模式的时间线

第一部分

正常操作

3 正常操作

3.1 引言

本章涵盖与物料日常生产的正常操作相关的瞬态操作模式。虽然有为日常操作设计的工程控制(在第3.2节中讨论)，但仍需要管理控制，以有效管理安全开停车。由于程序对于能够一致并安全地进行过程操作至关重要，尤其是在瞬态操作模式期间，因此本章第3.3节对程序进行简要概述。

本章继续讨论如何安全地执行正常开停车(第3.4节和第3.5节)。第3.6节介绍从正常开停车期间发生的事件中吸取的一些教训。第3.7节讨论正常开停车适用的CCPS基于风险的过程安全要素。接下来的第4章工艺停车和第5章装置停车与本章共同构成本书第一部分的内容。

3.2 正常操作概述

过程安全适用于所有操作模式，包括正常操作。对于本书，正常操作在表2.1中定义为：

工艺在开停车阶段(瞬态操作)之间，并且在正常操作条件(标准条件)下运行时的操作模式。

化学流程工业的日常操作可以是连续的、间歇的或两者的结合。无论是何种类型的工艺，过程安全工作对于每个日常操作都是必不可少的。对于连续流程，一个开放的稳态系统，正常操作期间的工艺条件，例如流速、温度和压力，不会随时间变化；该工艺处于正常操作条件并在其标准操作范围内。另一方面，间歇流程，一个封闭的非稳态系统，正常运行时间中工艺条件(如温度、压力和浓度)是随时间变化的；该工艺处于正常且瞬态的操作条件下，并在其标准操作范围内。这些操作阈值受安全阈值的限制，因此必须在发生损失事件之前解决这些阈值间(异常操作)的偏差。

无论连续还是间歇，这些工艺都有正常的开车和停车：工艺要么运行，要么不运行。这些工艺也有与之相关的正常开车和停车程序[19]。本书将侧重于连续或间歇操作，并将这些组合适用于具有连续和间歇工艺要素的工艺［例如，连续搅拌釜反应器(CSTR)］。

本章专门讨论了正常运行模式下的正常停车和正常停车后的正常开车，即表1.1中列出的瞬态操作模式类型1和类型2。因此本章中瞬态操作模式的范围如图3.1所示。第4章和第5章涵盖了项目或维护相关程序的特殊的、额外的停车相关准备工作，及其相应的停车和开车瞬态操作模式。

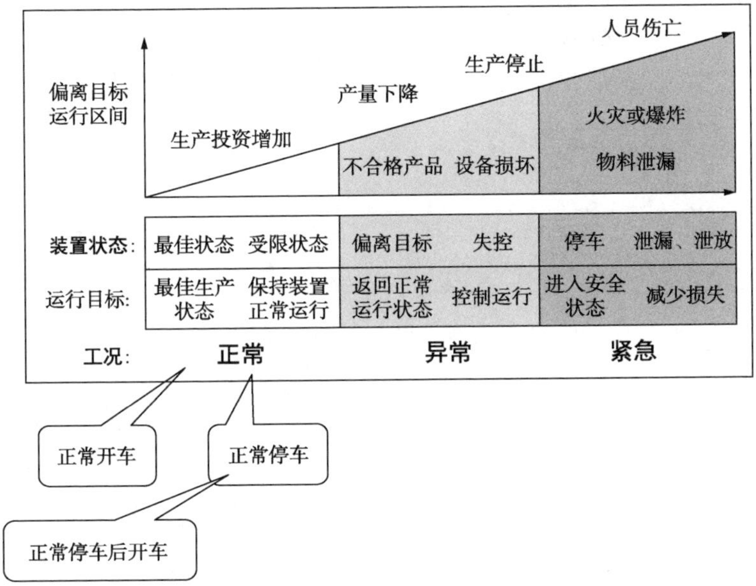

图3.1　正常操作期间的瞬态操作模式[15]

图3.2所示为连续过程的正常运行曲线，该曲线仅关注过程压力；图3.3描绘了一个典型的等温间歇流程的正常运行曲线，该曲线重点关注温度。正常操作有两个过渡时间：正常开车和正常停车，其定义如表2.2所述：

正常开车：工艺设备重新启动，使设备恢复到正常运行状态进行正常运行的时间。

正常停车：工艺设备正在关机、停止并使设备从正常运行状态到正常运行结束的时间。

特别是，对于连续流程，正常开车涉及将工艺设备从其闲置、安全和静止状态切换到正常操作条件所采取的步骤。对于间歇流程，正常开车是为准备和开始间歇流程而采取的步骤，使工艺设备从清洁、闲置、安全和静止状态转变为具备

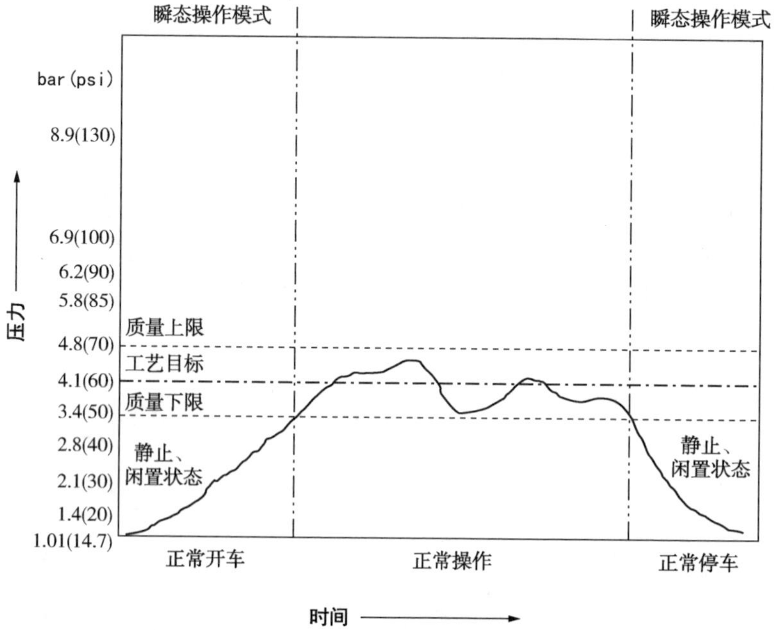

图 3.2　连续流程正常操作时间线示例

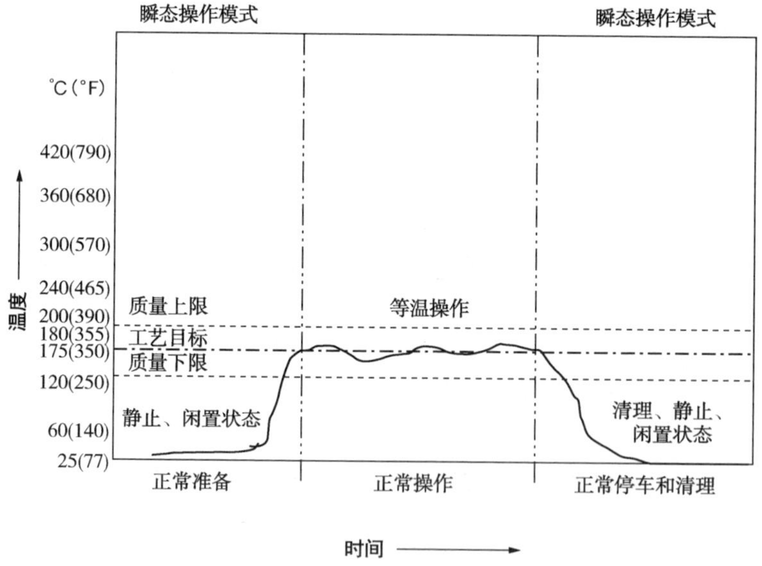

图 3.3　间歇流程正常操作时间线示例

正常操作条件。正常停车实质上是与上述步骤相反，使设备恢复到正常的安全和静止、闲置状态。请注意，设备故障“在日常运行过程中，有时是由于设备在反复启停中积累的疲劳和应力造成的[8,p.6]”。因此，必须持续监控设备的适用性，以确保设备承受的压力不会随着时间的推移而危及设备的完整性。此外，其他出版物[2,20]还提到了由于未受监控或未知腐蚀(包括生锈和保温层下腐蚀)引起的事故。在开车或停车产生应力期间，腐蚀引起的、退化的设备状况可能导致设备故障。

如果没有得到适当的维护，在紧急情况下可能会发生防护设备故障。尽管有关有效的设备完整性计划的更多讨论超出了本书的范围，但其他出版物[21,p.239-260][22],[23]中更详细地介绍了检查、测试和预防性维护(ITPM)计划。其他地方提供了应纳入有效 ITPM 计划的防护设备的综合清单[20,p.250-253]。

在这一点上，值得注意的是已经设计并用于监控和安全响应工艺偏离的工程和管理控制措施。这些工艺偏离是意料之中的。例如，温度可以缓慢上升或下降，压力可以缓慢上升或下降，流速可以增加或减少。必须了解工艺的化学成分、技术和危害，并评估和管理它们的风险。尽管每种工艺所需的工艺安全信息会有所不同，但使用典型的工程和管理控制(例如警报、联锁和操作员干预)对工艺偏离进行的常规响应大体相同。这些响应与工艺意图相关，如图 3.4 所示。理想的正常操作假设与工艺意图没有显著偏离；该工艺将简单地从左到右进行：正常开车，正常生产运行，然后正常停车(图 3.2 和图 3.3)。

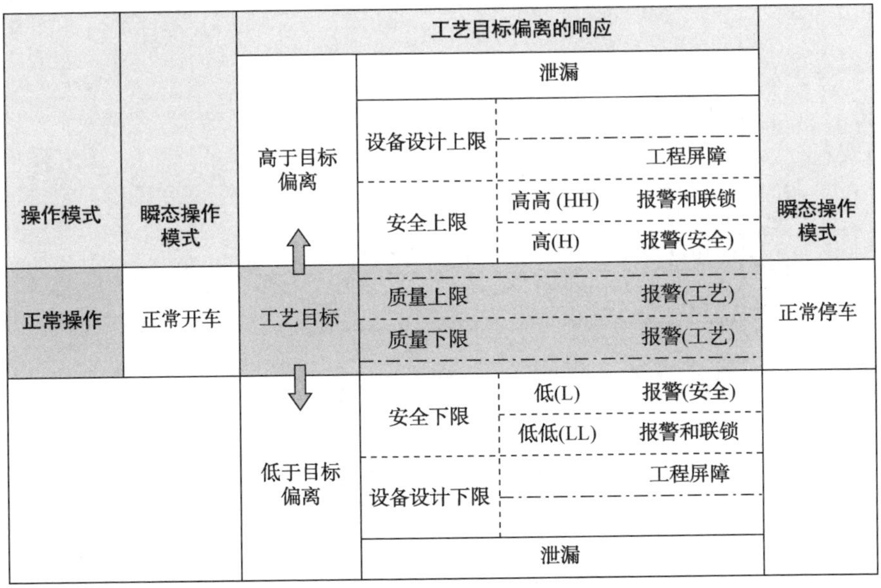

图 3.4　对工艺偏离响应的工程和管理控制类型

在异常操作期间，高于或低于目标的预期工艺偏离，可能会接近或超过安全上限或下限。但是，如果工艺控制没有恢复，这些偏离可能会接近或超过设备的设计上限或下限。当操作条件超过这些设备设计限制时，可能会发生灾难性的设备故障，从而导致设备内物料泄漏（"容纳失效"事件）。装有危险物料和能量的设备的此类泄漏事件可能导致死亡、受伤、环境危害和财产损失。在图 1.3 所示的流程图中介绍的这些对异常操作的响应将在本书第二部分异常和紧急操作中详细讨论。

图 3.2 中的正常操作时间线用图 3.5 中的压力控制点说明。这些特定的安全上限和下限会影响工艺和设备的设计和操作[1],[14],[21]。图 3.2 将在后续章节中用于讨论表 1.1 中列出的以下每种瞬态操作模式：

- 因工艺停车而停车（第 4 章中的类型 3）；
- 工艺停车后的开车（第 4 章中的类型 4）；
- 因设施停车而停车（第 5 章中的类型 5）；
- 设施停车后的开车（第 5 章中的类型 6）；
- 因非计划停车而停车（第 7 章中的类型 7）；
- 非计划停车后的开车（第 7 章中的类型 8）；

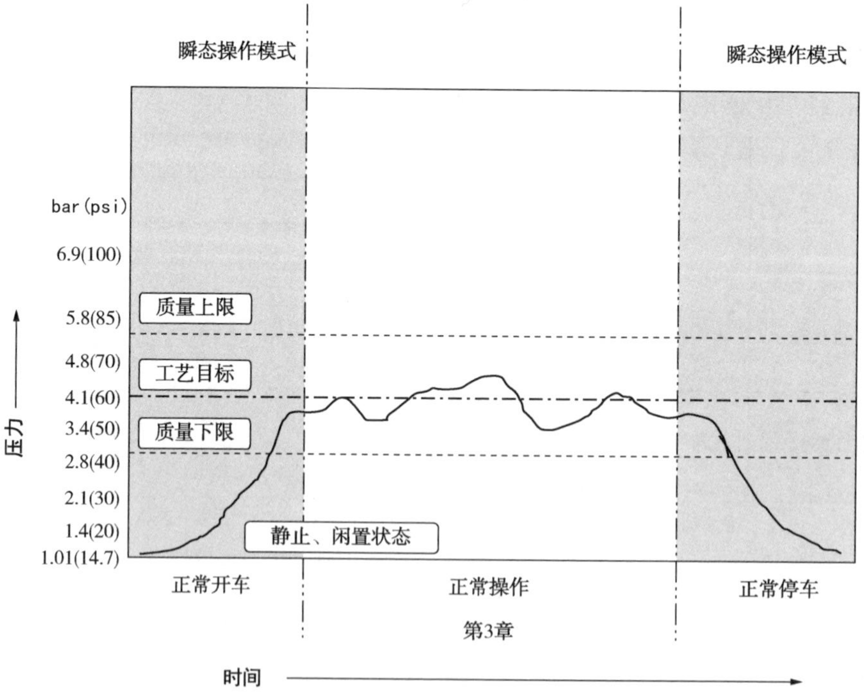

图 3.5　压力容器控制界限示例

- 因紧急停车而停车(第 8 章中的类型 9)；
- 紧急停车后的开车(第 8 章中的类型 10)。

3.3 程序

在描述正常操作瞬态操作模式之前，本节将重点介绍一些需要写入瞬态操作模式程序的内容，无论在开车还是停车时，好的开停车程序有助于减少失误。尽管超出了本书的范围，但公司也应有处理交接班的程序，以确保在此过渡期间有效传达信息。

表 1.1 中列出的所有瞬态操作模式的程序可能需要额外的、特定的开停车相关步骤、检查表和决策辅助，以解决过渡期间可能发生的潜在危险情况，例如：

- 过渡期间需要额外的个体防护装备(PPE)；
- 计划项目或计划维护前后的特殊交接程序(第 4 章和第 5 章)；
- 减产后的特殊开车程序(例如，在客户需求减少期间；第 4 章)；
- 在极端天气期间与停车相关的特殊操作活动(即，当工艺在冬季不运行时减少冻结的可能性；第 4 章)；
- 紧急关闭后的特殊开车程序(特别是如果工艺的最终状态不处于正常、安全、闲置和静止状态；第 8 章)；
- 长期关停或退役设备的特殊停车程序(第 6 章和第 9 章)。

操作阶段检查表记录了瞬态操作模式下可能需要考虑的一些典型程序步骤，基于危害，包括以下模式[24]：

- 检修正常停车；
- 检修后开车；
- 备用模式正常停车；
- 热停车后开车(系统进入备用模式)；
- 紧急停车；
- 紧急停车(ESD)后开车；
- 初次开车/试运行。

本书稍后将更详细地介绍这些模式。

疲劳换热器在相邻换热器启动期间发生灾难性故障的事件暴露了常规开车程序中的缺陷[25]。开车程序需要额外的操作员在换热器的启动过程中提供帮助，导致在过渡期间设备附近有很多人。由于正在制定安全开停车程序，因此必须确保这些程序不会因过渡期间额外人员暴露而增加风险。如果风险增加，额外的工程和管理控制应该是常规程序的一部分，以确保解决额外的危险。在这一点上值得注意的是，在过渡期间更多地依赖行政控制，出现问题的可能性会增加（请参阅控制层级结构[21,图3.6]），风险也会增加。

第3.4节和第3.5节分别对正常停车和正常停车后的正常开车进行了简要说明。

3.4 正常停车

正常停车（表1.1瞬态操作模式类型1）是工艺设备关闭以结束正常操作或生产运行，停止全部或部分过程及生产运行的操作时间。操作员编写了将工艺设备从正常操作条件转为闲置、安全和静止状态的步骤计划。可能有为下一次生产做准备的设备特殊清洁程序。如图3.2和图3.3中的流程所示，正常停车可能需要一些时间才能达到安全、静止和闲置状态。

停车或开车过程的正确和安全方法取决于工厂的许多细节，包括：

- 工厂类型和规模；
- 工艺类型；
- 工艺条件；
- 使用的化学品和材料；
- 操作类型；
- 设备类型；
- 装置位置（室内、室外）；
- 公用工程类型；
- 其他。

必须了解每个工艺装置并详细制定其程序。

正常工艺的停车是针对特定工艺的。因此，本书中描述的方法无法适用于每种工艺停车。带压的连续工艺过程安全停车的示例方法可能涉及以下步骤：

1. 降低设备负荷和操作条件；
2. 移除或关闭热源和冷源；
3. 停止进料；
4. 将设备压力降至常压。

3.5 正常停车后开车

正常开车（表1.1中瞬态操作模式类型2）是工艺设备在正常关闭后启动、投用全部或部分工艺以恢复生产的操作时间。操作员已针对将工艺设备从闲置、安全和静止状态恢复到正常操作条件所需的步骤制定了书面程序。如图 3.2 和图 3.3 中的流程所示，正常开车可能需要一些时间才能达到标准操作条件。

与正常的工艺停车类似，正常的工艺开车是针对特定工艺的。因此，本书中描述的方法无法适用于每种工艺开车。连续流程安全开车的示例方法可能涉及以下步骤：

1. 给设备升压(即防止高压进料闪蒸)；
2. 为设备提供外部热量和/或冷却；
3. 进料；
4. 向物流中提供热源和冷源；
5. 使设备达到正常的工艺操作条件。

虽然每个工艺都有特定程序，但正常开车程序的步骤可能包括与工艺正常停车程序中相反的步骤。

3.6 事故与教训

注：根据定义，正常操作期间发生的所有事故都包含在异常和紧急操作中(本书第二部分)。

在描述正常停车和开车事故之前，众所周知，偏离既定的开车程序，特别是旁路关键安全设施时，可能会导致事故。例如，在一次事故中，控制顺控的自动化流程发生了中断，而主管允许排除流程故障的维护技术人员越过计算机保护装置，导致 4 名员工受伤[26]。在高放热反应的半间歇过程的事故案例中描述的一个常见原因是，在其开车步骤中引入控制速率的反应物料时，缺少搅拌或未及时搅拌[27,p. 20]。

对于合成氨生产厂家而言，由于重整反应为强吸热反应，偏离开车或停车操作程序可能导致重整反应器“烧毁”。停车和开车条件是瞬态的，由于高温高压速率变化在辐射室中产生额外的应力。减少重整炉管故障的措施之一包括在开车和停车期间定期对它们进行目视检查，让操作员清楚地了解炉内发生的情况。因此，重整器的可靠和平稳运行取决于在这些瞬态操作模式期间对催化剂管的有效监测[28]。

3.6.1 正常停车期间的事故

当有已确立的、有效的、正常的停车操作程序时，在这种瞬态操作模式期间不应发生与过程安全相关的事故。如果正常停车确实导致了事故，则应进行事故调查以确定事故发生的原因[29]。

3.6.2 正常停车后开车期间的事故

当有已确立的、有效的、正常的开车操作程序时，在这种瞬态操作模式期间不应发生与过程安全相关的事故。但是，如果正常开车确实导致了事故，则应进行事故调查以确定事故发生的原因[29]。其他出版物提供了一些在开车期间发生的事故案例，其中安全、正常的开车操作程序在执行过程中被修改了[2,p.210-214]。在其他出版物[20,p.200-203,492][30]中提供了一些在明火加热器或燃烧炉开车期间点火时发生的事故案例。

3.7 基于风险的过程安全(RBPS)要素的应用

所有基于风险的过程安全(RBPS)要素都适用于有效管理正常停车和开车期间的过程安全风险(表1.1中列出的1类和2类瞬态操作模式)。特别是，操作员应制定操作程序，以便将工艺从安全、闲置状态(开车)中转入正常操作条件下的运行(正常操作)，然后再将其转回安全、闲置状态(停车)。如果这些程序已经制定并根据需要进行了更新，则装置在这些瞬态操作模式期间不应发生任何事故。

4 工艺停车

4.1 引言

本章内容涵盖了与项目相关的停车时的瞬态操作模式，例如小型项目变更(MOC)或维修作业(如设备需进行维护或项目需要某一设备或工艺单元停车)。项目不同阶段、不同工作团队间交接不充分则可能造成事故，尤其在设备启动或装置开车期间。正常停车和开车的瞬态操作模式，一般不包括停车的准备工作或变更后恢复运行所需的额外步骤，本章继续讨论项目经理和项目团队在这些额外步骤中的角色。本章介绍了一个简要的项目周期概述(例如，规划、准备、执行、调试和恢复运行)，并强调了优化交接工作可以提高瞬态操作模式的过程安全性能。

本章继续讨论如何安全地执行与项目相关的停车流程、停车和开车(参见第4.5节和第4.6节)。同时介绍了从以往瞬态操作模式期间发生的事件中吸取的一些教训(第4.7节)。本章最后讨论了适用于计划性停车和停车后开车的基于风险的过程安全(RBPS)要素(第4.8节)。

4.2 工艺停车概述

工艺停车的两种瞬态操作模式包括停车前(表1.1中第3类)和开车后(表1.1中第4类)。工艺停车也可称为"停运"，这意味着工艺设备处于安全状态(例如上锁挂牌LOTO)，相关设备可以移交给其他团队，例如工程团队、维护团队或承包商。这一模式不同于"装置大修"，"装置大修"意味着范围更广、工艺更复杂的工作，可能涉及许多工艺停车甚至全厂停产(参见第5章)。如第3章所述，为了设备所有权转移安全交接，在工程、操作和维护之间通常有额外的移交程序。这些移交程序属于行政管理手段，旨在减少失误，降低停车期间和危害物料相关的风险。这些程序是为减少草率的决定，使装置快速恢复运行，避免人员在危害中过度暴露而制定的。

设备计划停车时间包括：需要特殊程序的产品转换时间，或影响设备运行规划导致的产量下降时间。由于小型工程项目可能需要额外的计划工作，本章将简要概述不同项目所需的瞬态类型。例如通过变更管理(MOC)授权的计划工作(即程序、设备或工艺的变更)；或计划性维护，如设备的检查、测试和预防性维护(ITPM)[14],[21]。

由于需要有一系列关键工作来确保工艺设备准备好移交给其他团队，第4.3节中简要概述了针对不同类型工程项目的应用指南，以及如何有效地在过渡阶段管理过程安全风险。项目的生命周期包含几个不同的阶段，伴随团队交接的进行，这些阶段具有不同的过程安全风险。第4.4节简要概述了项目的生命周期阶段中装置处于瞬态操作模式的时间。

此外，为有效管理项目，工艺停车需要分为几个步骤：

1. 规划项目停车；
2. 为(每个)项目准备设备(如果有多个项目)；
3. 在已安全隔离的设备上执行工作；
4. 调试并确认设备已准备好运行；
5. 安全启动设备和工艺单元。

工艺停车的两个瞬态操作模式包括：

1. 停车模式(步骤1和步骤2)；
2. 停车后开车模式(步骤4和步骤5)。

图4.1为工艺和装置停车之前和之后的瞬态操作模式。本章简要描述了图4.1中的各步骤，第4.5节描述了工艺停车及其相关的关闭/关断，第4.6节中描述了停车后的安全开车。

4.3　需要设备或单元停车的项目

本节将简要总结在准备和执行所有类型的工程项目时，如何有效解决过程安全风险。由于每个项目都不同，因此每个项目都需要一个系统且规范的方法来管理其过程安全风险。所有成功的项目执行都有合理的结构和执行计划，对各个阶段涉及的项目相关和过程安全风险，进行理解和尽量地降低。在项目生命周期的各个阶段(参见第4.4节)，这些风险降低步骤同样适用于工艺停车(本章)和装置停车(第5章)。

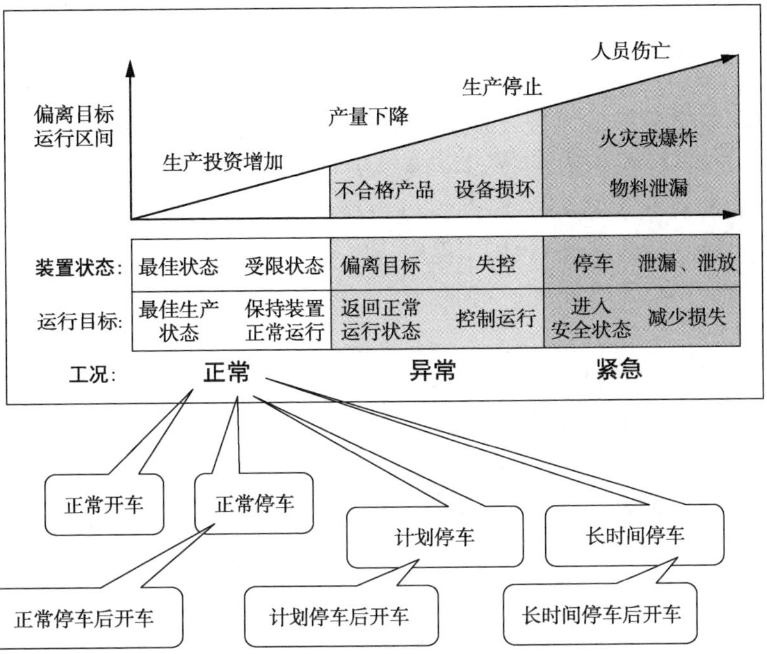

图 4.1 瞬态操作模式相关的工艺、设备停车[15]

本章中的内容特别适用于现役装置(“棕地”)当设备已成功调试并且工艺已安全运行了一段时间。规范的项目管理方法适用于小型和大型“棕地”项目，部分项目的持续时间可能相对较短(较小的项目)或可能持续数周或数月(较大的项目)。未开发地区(“绿地”)项目将在第9章中讨论。

4.3.1 项目类型

项目类型涵盖某一设备一直到全厂的工作范围，涉及项目的提出、批准、预算、资源和计划。项目类型包括升级、消除瓶颈、优化和改造。这些项目可以是较小的变更管理(MOC)到较大的资源密集型资本项目。小型项目和大型项目之间的区别在本书中体现为工艺停车(例如，小范围，本章)和装置停车(例如，大范围，在第5章中讨论)之间的区别。其他出版物[31],[32]中提供了有关项目管理和项目相关的过程安全相关风险评估的指南。尽管工程项目中的过程安全在其他出版物[31]中有详细介绍，但与瞬态操作模式相关的部分仅在本书中有。

较小的项目通常在设施的MOC程序下进行管理，每个项目都应解决以下与过程安全相关的问题：

1. 识别危害；

2. 评估与危害相关的风险；

3. 管理风险以避免和/或减轻潜在的过程安全、安全和职业健康以及环境事件。

尽管许多项目都是通过设备的工程团队启动的，但是所有项目(尤其是较小的项目)都应遵循 MOC 程序，以确保所有危害都得到妥善管理。由于无法再获得过时的设备或设备相关部件，与小型设备相关的项目通常由维护团队执行。此类项目应遵循适当的 MOC 程序，以确保这些对潜在与过程安全相关问题的"小"改动得到妥善处理。有关 MOC 管理的详细介绍可以参见有关出版物[14],[33]。

4.3.2 承包商管理

当涉及较大项目时，会牵扯到更多的团队，并且通常需要承包商的介入，因为他们可以带来技术或施工方面的专业知识。因此，随着项目规模的增加，承包商管理变得至关重要。如果对承包商工作的监督不足(特别是承包商的工作质量和验证方面)，即会导致事故发生[20,p. 597(索引)]。团队间更多的交接工作可能会增加关键信息在沟通过程中遗漏的可能性。并且当项目现场执行出现严重问题时，现场的工作人员或碰巧位于受影响区域的人员(例如，主管、工程师、操作工、维修工、承包商等)就会直接受到波及。

4.3.3 不合理交接对过程安全的负面影响

参与一个项目的团队数量取决于项目的工作范围。参与的团队越多，团队间交接过程中发生沟通错误的可能性就越大。在为项目工作准备设备、执行项目，以及在启动备用设备时，每个人都应遵守操作纪律。尤其在涉及多个不同团体的移交时，"提前规划可以最大限度地减少草率决策的出现[3,p. 3]"。

根据以往瞬态操作模式事故案例，本书将重点关注参与到移交工作的团队中导致事故的案例。这些团队包括管理、工程、运营、维护和承包商。其他团队，例如在项目执行期间涉及零件或设备采购、储存和分发的团队，也可能牵扯到这些事故中。在所有事故中，这些团队都直接或间接地为事故负责，并且可能涉及事故的根原因。当每个团队都按照自己的利益运作并且不与其他团队共享关键信息时，就会出现更高的风险。这些事故以某种方式存在于团队移交的沟通错误中，或存在于团队没有按照操作纪律来进行准备、执行或开停车中。

4.3.4 项目经理

项目经理对于大型、复杂项目中涉及多个团队的移交至关重要。特别是因为在项目整个生命周期过程中，参与的团队数量会不断变化。过程安全移交沟通将在项目过程中发生变化，尤其从试车到开车之间。根据项目的规模，项目团队可能包括以下人员：工程设计、过程安全、施工、质量、采购与合同、EHS(环境、健康和安全)、试车和项目控制。在瞬态操作模式下，一些有用的工具可以帮助项目经理确保识别和处理危害和工艺相关风险，这些工具包括项目过程安全计划、危害和风险登记表[31,附录B和附录C]。第4.4节简述了项目成功实施所应包含的生命周期中的关键阶段。

4.4 项目生命周期

每个成功的项目，无论规模大小，都有系统和规范的方法，并应用良好的项目管理实践来确保项目的成功实施，同时，对其过程安全风险进行有效管理。项目生命周期是项目从启动到结束所经历的一系列时期[34],[35]。由于术语“时期”在描述项目生命周期时通常称为“阶段”，因此本书将使用“阶段”，以与管理工程项目过程安全风险时使用的术语保持一致[31]。

成功的项目有清晰的框架和执行计划，并在项目的每个阶段都进行追踪和监控。在执行项目、项目相关风险、过程安全风险、安全和职业健康风险、环境风险和监管合规性限制等方面，都应该给予恰当理解并进行实时管理。

如图4.2所示，大型资本项目生命周期各阶段包括：①评价；②选择；③项目确定；④详细设计；⑤施工(包括制造和安装)；⑥开车(包括试车)；⑦运行；⑧项目分阶段结束；⑨小型项目和变更管理(MOC)；⑩项目终止；⑪生命周期结束。这些阶段中的每一个子阶段，包括不同工程前期(FEL)阶段涉及的①、②和③之间的区别，都在这一出版物中进行了描述[31,p.9]。

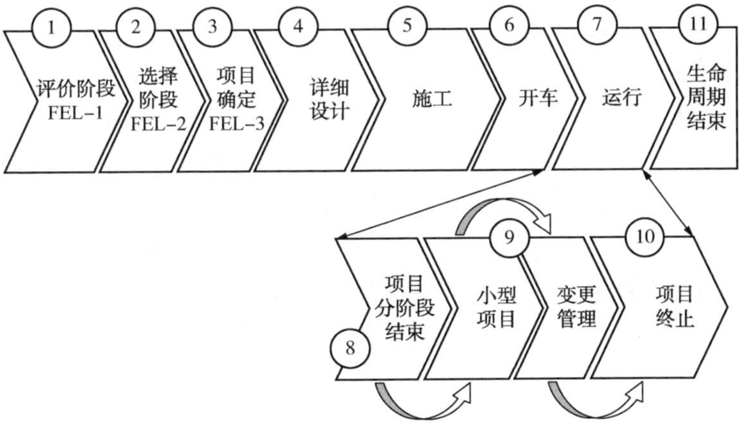

图4.2 项目生命周期各阶段[31,图2.2]

由于在施工、调试和运行阶段发生过许多严重事故，造成了重大影响(死亡、受伤、环境危害和财产损失)，因此了解过程安全危害并在每个阶段管理其风险至关重要。公司可能需要在生命周期的每个阶段进行危害辨识和风险评估。施工活动包括制造、安装、质量管理和预试车，以及为试车、开车和运行做准备所需的准备工作。试车阶段的结束是以将装置及项目相关文件移交给运营团队为止。此外，项目的运营阶段可能需要额外的试运行，以确认特定设备或工艺单元在移交运营团队之前已经满足性能要求，之后运营团队接受设备后可以安全地重启工艺装置。

本书侧重于管理瞬态操作模式期间的过程安全风险，将讨论第⑥阶段和第⑨阶段的停车准备和后续开车相关内容，在此阶段，设备最终移交给运营团队进行调试。根据项目的规模，试车和开车可由运营团队(小型项目)或调试团队(例如大型新建项目，参见第9章)在运营和承包商团队的支持下进行。因此，试车和开车可能涉及许多团队。这需要所有相关团队之间进行良好的沟通，尤其是团体之间有效和安全的移交。

无论是小型或大型“棕地”项目，都应制定规程以确保设备准备就绪并适于运行。较大的“绿地”项目启动(“首次开车”)将在第9章中讨论。由于本章侧重更频繁但规模较小的工程项目，因此与第⑨阶段有更紧密的联系，此时装置已经完成了第⑧阶段(不再有任何较大项目计划)并且设施每天都在安全运行。第5章将介绍更大、更复杂的项目，通常需要停车数周甚至数月。

评审，又称为阶段关卡式评审、客观审查、同行评审、项目技术安全评审或危害评审等，通常由熟悉相关流程和技术的独立且经验丰富的多专业团队进行。如前所述，较大的项目需要一个项目把关人来监控阶段之间的移交，帮助降低发生事故的可能性。确保和验证每一次移交前的一切准备就绪，有助于减少准备停车以及随后开车阶段的事故。

根据项目不同的工作范围，项目的每个阶段都可安排一系列过程安全活动，尤其是在瞬态操作模式期间。尽管较小的项目和变更管理(MOC)可能会合并多个阶段的工作，或无法明确划分成多个独立的阶段，但本书中提到的安全活动也仍然适用。因此，这些较小项目仍应实现每个阶段的目标，以降低过程安全风险。不论项目的规模大小，各阶段均可以拆分如下：

1. 规划项目停车——第4.4.1节；
2. 停车准备(含移交)——第4.4.2节；
3. 停车期间安全地执行活动——第4.4.3节；
4. 项目完成后开车准备——第4.4.4节；

5. 设备预试车——第 4.4.5 节；

6. 移交后恢复运行——第 4.4.6 节。

以下对每个阶段进行简要概述。

4.4.1 规划项目停车

第一阶段是为项目工艺设备停车制订计划。成功的项目应有一个反映预算、资源分配、里程碑和完成日期的日程表。每个项目都必须明确工作范围，参与项目每个团队的期望和责任，并且完成工作的截止日期应在项目开始时确定。复杂项目通常会使用带有时间线的项目规划工具(从简单的甘特图到更复杂的逻辑网络等)，将不同团队、资源和时间点依据逻辑进行规划。

4.4.2 停车准备(含移交)

在对项目停车相关设备进行任何操作之前，这些设备都应处于非运行、静止和安全状态，做好隔离(危害物料、电气等)，并确保人员可以安全操作。此外，可用检查表、决策辅助工具等来发现可能的额外潜在危险，并识别准备移交设备时可能需要特殊的 PPE(个体防护装备)。与复杂项目相比，小型项目也涉及工艺/设备变化，但是步骤数量、团队交互等工作要少，例如改造、扩建或大修(参见第 5 章)。更大、更复杂的项目将会有更多的非常规任务、更多的管理控制和额外的风险。

在将设备移交给处理设备工作的人员之前，设备准备不充分可能引发事件(参见第 4.7 节中的事件讨论)。移交准备工作包括清洁、洗涤、蒸汽吹扫、能量隔离等(即安全生产实践，SWP)。现场设备标签不充分或不一致，也可能导致增加对运行设备或管线开展项目或维护工作[20,第4章]。团队间移交事宜应明确，特别是在试车阶段可能涉及承包商和其他负责施工、安装和调试的人员期间，因此，应在施工阶段开始之前制订有效的“试车计划”(即图 4.2 中第①至第③阶段)。

4.4.3 停车期间安全地执行活动

在准备和执行停车时，应实施有效的管理控制，确保工程、施工、运营和维护之间的有效交接沟通。沟通是必不可少的，尤其是在涉及设备拆除(参见第 9 章)、处理包含危害物料的管线(即“带压开孔”)和交叉作业(SIMOPS；当附近的设备、工艺单元和相关公用设施可能在项目期间仍在运行)时。如果这些例行的但不经常用的管理控制措施和安全生产实践未事先正确制定，执行工作的人没有正确理解，或者在设备停车期间没有正确移交或执行，则事故可能发生。当事故确实发生时，可能会对人员、环境和财产造成重大伤害(参见第 4.7 节和 Marsh 数据[36])。

4.4.4 项目完成后开车准备

在准备停机时，把关人审查是必不可少的。该审查应侧重于验证和确认施工(第⑤阶段)期间执行的工作已准备好移交给管理开车(第⑥阶段)的团队。停车结束后，当运营团队准备接收设备并开始生产时，应开展第二次把关人审查，以确认并验证设备已准备好移交。大型项目如果没有正式的操作就绪审查(ORR)，则在开车后发生事故的可能性就会增加。对于较小的项目，也需要采取把关步骤，这些步骤通常设计在设施的 MOC 系统中，其中包括强健的投产前安全分析(PSSR)。在生命周期的每个阶段(如：开车)中，把关人审查时会提出与过程安全相关问题的详细介绍，请参见参考文献[31，附录 G]。

4.4.5 设备预试车

根据项目的工作范围，可能需要以下预试车活动来处理新安装或修改的设备[31,表2.2]：

- 识别并记录从供应商处收到的所有过程安全信息。
- 容器和管道：
  - 冲洗和化学清洗；
  - 脱水和干燥或吹扫(例如，空气、氮气、真空、甲醇或乙二醇)；
  - 压力测试(水压/气压)；
  - 泄漏测试。
- 内部检查。
- 设计合规性检查(视觉和审查测试证书审查)。
- 控制系统检查。
- 仪表回路检查和校验。
- 安全系统功能测试和验证(例如，联锁、紧急停车)。
- 安全仪表系统(SIS)、紧急停车系统(ESS)、安全停车系统(SSD)或安全联锁系统功能测试和验证。
- 电气连续性和电机旋转检查(包括电气隔离工作许可证)。
- 设备静态和断电测试。
- 设备(机械)润滑、冷却、防护。
- 管道检测以识别屈曲、凹痕和其他损坏。

请注意，其中一些预试车工作需要使用公用工程，例如水、工厂风、氮气，另一些工作需要为设备供电(例如，在检查电动机的旋转方向时)。预试车工作的任何一项未正确评估和执行，都可能对开车期间的过程安全产生不利影响。

对于较大的项目，可能在施工现场进行预试车工作，因此需要额外的保护和管理要求。其中一些保护措施包括但不限于[31, p. 167]：

- 禁止人员进入特定区域(例如：水压试验期间)；
- “综合工作许可”的取消；
- 与工作团队沟通最新项目状态。

预试车工作通常包括一个“检查表”，用于识别、记录和纠正可能已损坏、制造错误、安装错误的设备。可以识别的内容可以分为以下三个方面[31, 表7. 3]：

1. 试车前更正。包括不符合安全和设计标准，或妨碍试车的内容(例如，缺失或损坏的项目以及安装不正确的项目，如螺栓或电线松动等)。

2. 在移交给操作团队之前进行更正。包括试车期间可以完成的内容(例如，缺失的标志、标签、法兰长螺栓等)。

3. 可伴随进入运行、装饰性且不会妨碍开车的内容(例如，油漆和非关键绝缘)。

同样，团队之间应明确规定，特别是因为这些预试车工作可能涉及承包商和其他负责施工、安装和调试人员的交互。因此，在施工阶段开始之前(即图 4. 2 阶段①至阶段③)，制订有效的“运行前计划”是必要的。这些关键工作在别处有更详细的描述[31, p. 174]。

4. 4. 6　移交后恢复运行

在设备停车维护后重新开车时，运行团队要与设备维护团队进行有效移交。为设备停车准备的特殊管理程序(如果有)都应加以确认，以便设备在启动前恢复到正常、安全、静止和闲置状态。例如，这包括移除在项目或维护工作期间为将设备与其他部分工艺设备隔离而添加的所有盲板。当所有的特种设备准备工作都完成后，运行团队就可以使用他们的正常启动程序安全地重新启动该设备了(见第 3 章)。

通常，大型项目的最后一步是审查项目的成功之处和遇到的挑战，包括经验教训的总结，以改进装置在未来项目中的系统性管理。在项目进行期间解决的问题，包括开停车期间的问题，都是极具价值的经验。至此，项目团队正式退出，装置完全移交给运行团队，项目结束。

对于项目生命周期的介绍到此结束。综上所述，每个项目的基本阶段如下：规划项目停车；停车准备；停车期间安全地执行活动；项目完成后开车准备；移交后恢复运行；对于较大的项目，要对项目执行进行总结。下一节讨论与工艺停车相关的两种瞬态操作模式：工艺停车准备(第 4. 5 节)和停车后的开车(第 4. 6 节)。

4.5 与项目相关停车准备

工艺停车的停车过程，属于瞬态操作模式表1.1中的类型3，是需要额外的、通常是在正常关闭模式期间或之后立即使用的非常规程序的操作时间。这个额外的时间如图4.3所示。过程关闭可能包括低需求期、通过变更管理(MOC)计划执行的较小项目(例如，对程序、加工条件、加工设备、控制系统或公用事业的变更)和日常维护活动[例如，通过检查、测试和预防性维护(ITPM)计划]。因此，生产人员可能有专门的书面计划，用于列出活动所需工艺设备相关内容。

设备从运行到维护的移交步骤中，可能需要一系列程序和检查表，包括对设备进行维护之前清洁或隔离设备所需的步骤列表。这些额外的管理控制措施，包括安全生产实践(SWP)，在充分编写、理解和遵守的情况下，有助于降低人员接触任何危险物料和能量的可能性。为设计有效的SWP提供了更多的指导，以帮助降低人员在这些时间的风险[14],[37]。由于这些额外的管控措施，停车时间通常可能比正常停车时间更长。

由于这些额外的程序可能不会经常执行，因此参与停车流程的每个人都必须了解这些不同的步骤，遵守这些步骤的操作纪律，并且可以在应急情况下快速识别并正确响应。美国化学品安全及危害调查委员会(US CBS)以往调查的事故表明，在为执行与项目相关的非常规停车时，现场未经审查和未经批准的变更会导致严重事故。当人们没有充分评估和解决危害，或者当人们在不了解他们的更改如何增加过程安全风险的情况下更改既定的、批准的计划时，后果可能包括严重伤害、死亡、环境危害和财产损失。由于所发生的危害，项目计划应由参与计划和执行与项目相关停车的每个小组，特别是运营、维护和工程的小组进行彻底审查和批准。

应制定有效的移交协议和体系，以确保针对设备工作的人员在工作开始之前知道已解决或尚未解决的危害。项目可能需要特殊的清理或隔离程序，这些程序未在正常停车这一瞬态完成。引入额外的危害，需要在与停车相关的工作期间合理监测以保证工作安全执行，例如用惰性气体(如氮气)置换有毒气体或易燃蒸气。一个强大的变更管理(MOC)体系可以帮助确保一切准备就绪，并且每个人在开始预定工作之前都处于知情状态[33]。确保并核实一切准备就绪将有助于减少导致重大事故的发生。

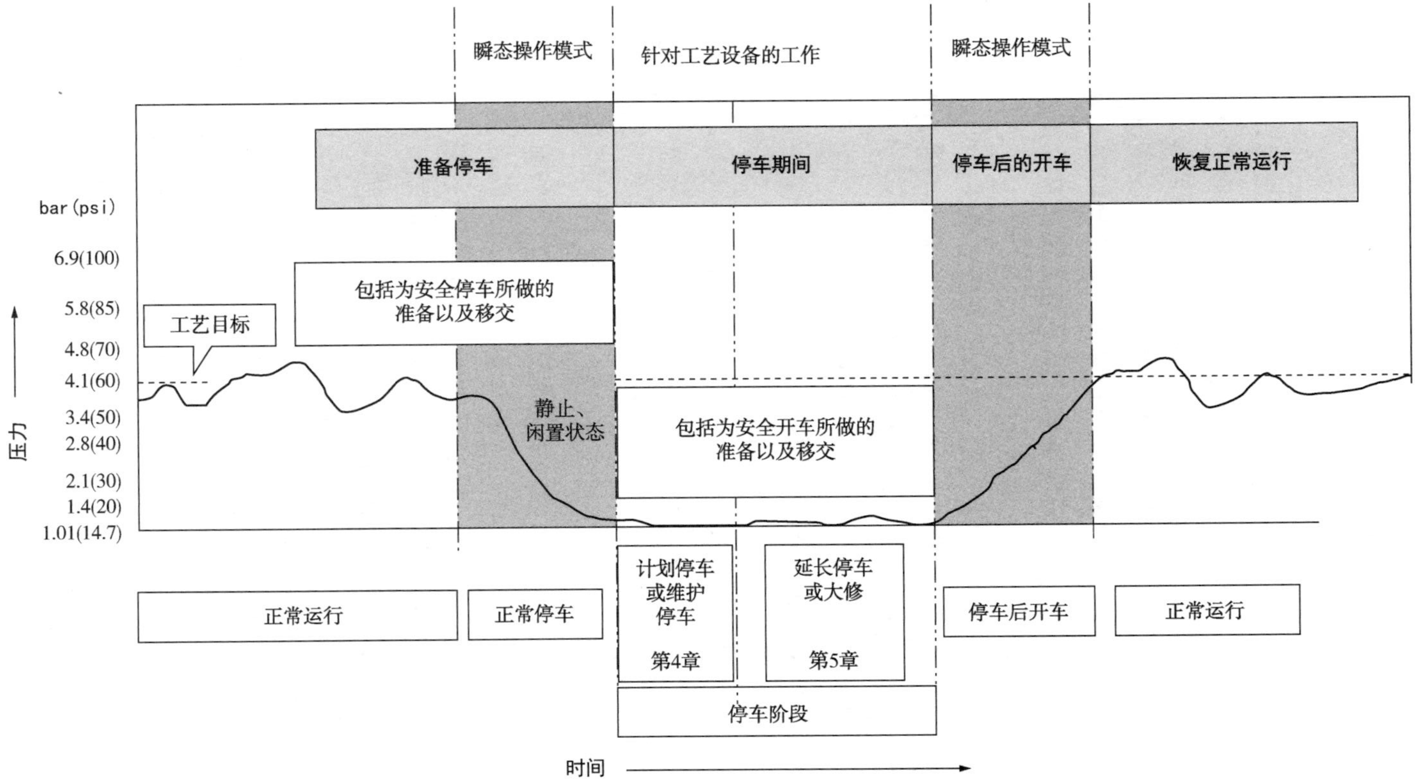

图4.3 工艺/装置停车时间线示例

4.6 与项目相关停车后的开车

工艺停车后的开车(表 1.1 类型 4)的瞬态操作模式，是指在开车这一期间(恢复正常生产前)，在正常开车程序基础上，还需要额外的非常规程序。如果其他团队参与了停车，例如工程工作和维护，则应制定特殊的移交程序，包括对大型项目操作就绪审查(ORR)，其中可能包括投产前安全分析(PSSR)。投产前安全分析(PSSR)属于恢复运营之前，较小项目变更管理(MOC)的组成部分。由于涉及额外的程序，在与项目相关停车后的开车通常比正常开车需要更多的时间，包括有效完成操作就绪审查中的移交时间。

如前所述，许多美国化学品安全及危害调查委员会(US CBS)以往调查的事故表明，在与项目相关的停车后，向运营团队移交的不充分会导致设备开车时发生严重事故[5]。其他出版物也讨论了与这些时间相关的风险[3][4][9]。因维护不足而导致的技术故障导致了开车和停车期间的事故[6,p.346]。由于可能发生的风险，操作团队应该清楚地了解某项目结束后的开车，所有操作团队都应该接受过足够的培训，可以根据需要使用新的程序操作设备。为了帮助减少在设备和工艺单元开车时导致事故的错误，装置可以将项目阶段移交审查纳入其系统。这些审查验证并确认安装在现场的设备已按照设计标准(在施工阶段)建造或修改。

管理不善的变更，例如在停工期间使用错误材料施工，可能导致(并且已经导致)意外和重大事件(有时是几年后)。错误使用不同材料的施工相关事故案例已在其他地方报道过[20,第16章和第28章]。这些事故包括在输送干氯的管线上使用钛法兰，使用碳钢代替不锈钢或合金，向铝罐加酸(由外观错误假设其材料为不锈钢)，以及使用不符合规格的螺栓。这些材料可能在设计过程中就错误设计，由于价格较低而被错误购买，由于它们不在专用仓库中而导致错误安装，或者由于它们看起来相似而错误安装。由于这些原因，装置应在流程启动之前验证在每个团队移交期间设备的正确设计、购买、采购和安装。

在恢复运营之前，对阶段⑤施工、阶段⑥开车和阶段⑦运行之间进行合理的审查，可以使移交更有效(图 4.2)。从建设阶段到调试和开车阶段的移交，把关人可以与审查小组一起审查涵盖表 4.1 中第一组的内容。另外一组的内容：在运行团队开车之前(第⑦阶段)，从调试和开车阶段到运行阶段的移交(表 4.2)。该表格展示了审查团队在覆盖每个阶段时，可能会讨论的典型问题，从而有助于降低开车时发生事故的可能性。

表 4.1 施工阶段到试车和开车阶段之间的移交主题[31,附录G]

阶段⑤	项目生命周期把关审查 从施工阶段到试车和开车阶段
	移交主题
5.01	确认施工人员培训、能力和绩效，保证安排是充分的并正在实施
5.02	确认施工过程安全管理系统是适当的并且正在实施
5.03	确认业主、承包商和供应商清楚他们的机械完工范围和责任，并且施工团队有一个强大的流程来管理所有界面
5.04	确认包括质量管理在内的资产完整性管理(AIM)流程足以涵盖设计意图和设施完整性
5.05	确认正在应用变更管理
5.06	确认预试车、试车和预开车的项目计划是充分的
5.07	确认操作培训和制定(或更新)操作程序的进展是合理的
5.08	确认运行团队在必要时参与了预试车和试车的准备工作
5.09	确认现场过程安全管理系统和程序的计划是充分的
5.10	确认已实施文档管理系统并按要求执行

表 4.2 从试车和开车阶段到运行阶段的移交主题[31,附录G]

阶段⑥	项目生命周期把关审查 从试车和开车(“预开车”)阶段到运行阶段
	移交主题
6.01	确认预试车已圆满完成，设施已做好试车准备
6.02	核实项目和/或现场实施了全面的准备工作确认流程(例如操作就绪审查)，并获得开车批准
6.03	确认设计的完整性，设计偏差已得到解决，并且不会影响过程安全性能
6.04	确认试车、开车和运营团队经过充分培训、配备合适的装备，可胜任工作，并且所有必要的程序都可用
6.05	确认业主/现场已做好开车准备
6.06	确认已经建立应急响应和程序

4.7 事故和教训

当设备没有为停车或与特殊维护相关的工作做好充分准备时，就会发生事故。本节将提供一些事故/事件的详细信息，并且鼓励读者查看其他资源以及可用于预防事故的参考资料，例如：

- 维护准备中的清洁、清洗、蒸汽和吹扫操作指南[2,p. 149-161][38]。
- 帮助防止停车期间与维护相关的事故指南，以及由于停车后准备不足而在维护期间发生的事故示例[20,p. 12-17]。
- 在停车开始前消除设备危害的指南[20,p. 17-23]。

与维护相关的其他指南有更详细的介绍[2,第7章][20,第1章和第23章]。下面记录开停车过渡期间的一些事件。事件汇总参见附录。

4.7.1 计划停车在停车期间发生的事故

C4.7.1-1-特拉华市炼油厂(DCRC)设备准备[39]

*事件发生时间：*2015 年。

*准备期间发生事故的原因：*当操作人员在对两个隔离点之间的某一容器进行倒空和排净时，烃类物料从一个应当关闭的截止阀中泄漏。

*事件影响：*烃类物料泄漏至污水系统中，点燃并引起闪火，导致一名操作人员二级和三级烧伤。

风险管理系统的缺陷：

LL1）准备维护的操作任务属于不常见的非常规操作。在准备设备时应评估危害和风险，包括建立明确的程序以安全地执行工作。设备准备期间对任何变化都应遵循结构化的更改管理程序。

RBPS 相关要素：

- 危害辨识与风险分析；
- 操作程序；
- 变更管理。

LL2）当设备维护前进行倒空隔离时，应使用双阀隔离加排净设计，并且不允许直接排至污水系统。

RBPS 相关要素：

- 过程知识管理。

4.7.2 停车后开车期间发生的事故

C4.7.2-1-维修更换[2,p. 50-52]

*事故发生时间：*不明，事故报道时间为 2015 年。

*事故原因：*一台大型离线泵在日常密封维护期间安装了不符合设计规范的止回阀。

*事故影响：*泄漏了 18000~23000kg 易燃轻烃，点燃后燃烧持续了 5 天，造成装置 3 个月停车中断。

风险管理系统的缺陷：

LL1）泵出口更换的是仓库中仅有的可以安装在0.3m(12in)、21bar(300psi)的止回阀。尽管止回阀适用于该尺寸和压力等级，但是该阀门需要一个小的阀芯和额外的垫环来连接管线间隙。该垫环适用于消防水设计模式，而非热烃类物料。事故调查的建议包括升版现场变更计划，尤其针对“微小变更”，并实施其近期制订的材料验证计划。

RBPS 相关要素：

- 危害辨识与风险分析；
- 资产完整性与可靠性；
- 变更管理；
- 运行准备。

4.8 基于风险的过程安全(RBPS)要素的应用

所有基于风险的过程安全要素(RBPS)在制定过程安全和风险管理计划时都适用，以便有效管理停车期间的过程安全风险，以及之后的开车(表1.1中列出的第3类和第4类瞬态操作模式)。其他参考资料[14][40]中涉及应用和审核这类RBPS要素，以实现有效的整体过程安全和风险管理计划。

5 装置停车

5.1 引言

本章主要讨论关于装置停车阶段的瞬态操作模式，包括装置停车阶段(第5类模式，表1.1)和装置开车阶段(第6类，表1.1)。第5.3节描述了需要停车的单元和装置相关项目的类型和考虑因素，第5.4节和第5.5节分别描述了装置停车和开车的相关准备工作以及发生在该阶段操作模式下的事故案例。第5.7节介绍了关于RBPS在装置停车和开车阶段的应用内容。

5.2 装置停车概述

本书包括大型项目停车的相关问题，大型项目停车可能涵盖整个工艺单元，有时候停整个装置，有时候关停多个系列相互关联的生产装置。这种涉及关停多个不同单元的项目是非常复杂的，那如何与第4章中小装置计划停车区别开来？首先是工作时间，这种项目准备时间和执行时间通常需要几周，甚至是几个月。通常，大型项目长时间停车的这段时间被称作停车检修。图4.3列出了项目时间线。这种项目因其规模大，时间紧，任务重，需求复杂导致交接难度大——交接不充分就会发生事故。对检修人员而言，若过分强调检修时间节点就可能会导致开车阶段出现设备相关的问题。

尽管很多公司使用不同的词语来描述这种复杂状况，如停车检修，但有一个代表性的说法是计划停车或停车检修[41]。停车检修时，团队之间的交接可以使用一个跨部门、跨职能的项目管理团队(PMT)来进行有效管理，以确保：

- 运行团队在停车期间做好具体项目相关的设备准备工作。
- 运行团队在工作交接之前，建立起清晰的设备台账，包括：
  - 隐患排查；
  - 物料及设备清洁。

- 与项目相关的不同团队之间的工作交接，如工程团队、检修团队、承包商，在项目的各个阶段都应进行良好管理。
- 装置开车之前，运行团队接手的设备应处于安全、适于运行状态。

正如第 3 章第 3.3 节描述的那样，针对安全设备所有权，工程团队和运行团队需要向检修团队履行一些特殊的、额外的交接程序。这种行政管控的主要目的是降低错误发生的频率，削减可能与项目停车相关的风险，如工艺危险物料和能量。与项目计划相关的基本步骤见第 4 章第 4.2 节，与典型项目的生命周期相关内容见第 4 章第 4.4 节。

5.3 工艺单元或与项目相关的设施停车

本节讲述在役装置停车需要考虑的一些问题，除了第 4 章第 4.3 节讨论的工艺单元停车，还包括相关设施停车(第 9 章中讨论的是新建项目)。装置停车还依赖于规则之下的有效管理：(1)停车计划，(2)设备准备，(3)执行，(4)调试，(5)应急准备。第 4 章第 4.4 节讨论了这些内容，本节主要讨论装置停车时，两种瞬态操作模式。

1. 停车之前[上面列出的第(1)步和第(2)步；类型 5，表 1.1]；
2. 之后的开车[上面列出的第(4)步和第(5)步；类型 6，表 1.1]。

对于大型项目，使用系统、严格的方法进行项目过程安全风险管理是十分必要的，该方法贯穿于项目生命周期的所有阶段，尽管大、小项目都包含这些阶段。大项目装置停车必须要有一个经验丰富、能力出众的项目经理领导跨职能的项目管理团队，并贯穿项目始终，尤其是各部门之间的工作交接(参见第 4 章第 4.3.3 节)。卓越的项目经理有助于公司在项目相关范围内获得成功(按时、成本控制)，以及过程安全风险(无事故)。本节讨论一些可能适用于复杂项目的其他注意事项：与“棕地”相关的其他项目注意事项(第 5.3.1 节)、改造和扩建项目(第 5.3.2 节)、与项目相关的控制系统升级(第 5.3.3 节)、封存项目(第 5.3.4 节)以及在项目期间的承包商管理(第 5.3.5 节)。

5.3.1 “棕地”项目额外关注项

正如第 4 章中讨论的那样，每个项目都应对下面列出的与过程相关的问题进行解决：(1)危险源辨识；(2)风险评估；(3)风险管理，风险管理包括防止和降低潜在的过程安全、人员安全、职业健康、环境污染的风险——尤其是新建项目中的大项目。大项目会更加依赖行政管理和程序控制，尤其是不同团队之间的设备交接，出错的频率明显增加(参见分级管控[21,图3.6])。过程安全文化薄弱，领导力薄弱，再加上操作纪律淡薄，就会导致事故的频发，尤其是装置停车期间。

5.3.2 改造和扩建

项目改造、扩建，消除瓶颈，技术升级，优化改造都会面临很多相同的挑战。这些项目只是在维持现有生产能力的情况下进行设备更换或升级，但是这类项目可能需要处理设施老化的问题[22]。这类项目可能会再次带来新的或更大且必须进行管理的危害[21, p. 175-177][42, p. 65-73]。进行过程安全风险管理，从个人层面来讲，严格的操作纪律，有效的程序管控(行政措施)，离不开领导层的支持(参见分级管控[21, 图3.6])。在这些项目的开车和停车阶段，若不进行充分的交接管理，就会导致事故的发生。

5.3.3 控制系统升级

当对大型项目老旧设施进行升级改造[包括基本过程控制系统(BPCS)的升级]时，很可能旧设备供货商都不在了，或者供货商的新旧版本不兼容，那现有的硬件也就不能用了。如何更好地解决设计与人为因素的相关问题，尤其是人机界面(HMI)的问题，变成这种项目亟待解决的问题之一。

需要解决的问题包括：

- 输入/输出设备(I/O)，例如传感器和变送器；
- 与现有设备和缆线的界面问题；
- 网络基础设施和连接；
- 辅助系统[例如电源、不间断电源(UPS)]；
- 间距要求及现有系统的文档失效问题。

上述问题中的大部分都会占用一些重要资源，尤其是大项目对不同团队人员的占用，如软、硬件工程师，控制工程师，过程安全工程师，现场工程师，操作人员，机械工程师，电气工程师，技术人员，承包商和实习生。项目停车和开车阶段，不同团队工作交接不充分就会导致事故发生。

注意，对于这些项目，需要对操作人员和工程师进行相当强度的培训。由于操作人员未完全适应新技术，控制系统的升级装置开车的难度会增加。因此，对操作人员和工程师进行严格的培训，让他们在相似系统上操作，建立其使用新系统的信心。

5.3.4 项目封存

封存指工艺设备临时停车时间不确定，需要将其进行合理保全。需要进行特殊程序和检查清单确认，包括化学清洗和设备隔离。设备封存的最大挑战就是：避免封存之后性能下降，要确保之后能安全投入生产。有时，对于一些资本密集型项目，在完成之前临时搁置，这种搁置很可能是公司层面无法控制的，如意外的、突然的、不利的经济条件，或者重大的技术问题，安装、施工问题，这些都是在原有基础上没有考虑到的(一开始，项目批准就没有列入预算)。

设备封存技术取决于设备封存发生的阶段，不同阶段封存程序也会有所不同。如设备验收到现场安装阶段；设备部分安装或全部安装完成阶段；或者设备运行了一段时间，清洗后封存。封存技术取决于设备的选材和位置，尤其是室外设备。下面这些封存技术可能需要考虑到[31,p.25]：

- 定期旋转或转动设备；
- 为部分安装的设备/放空至大气/火炬的开放式连接管加装遮盖物；
- 氮封；
- 填充机械油或增加涂层；
- 如必要，使用干燥剂或杀虫剂。

在任何情况下，都应由一个多学科项目团队(包括熟悉设备设计的过程安全专家和资产完整性专家)来确定适当的保护方法。关于停产设施资产完整性的进一步信息和指南可参见其他文献[23][43]。这些项目若在开、停车阶段准备或交接不充分，就会导致事故发生。

5.3.5 在项目过程中对承包商的有效管理

承包商技术团队施工技术娴熟，经验广泛，可能更擅长于装置停车这类工作。鉴于团队之间工作交接很容易遗漏掉一些重要信息，对承包商的有效管理就变得尤为重要。承包商和分包商必须完全理解所有过程的安全预期、安全做法，最为重要的是，他们必须要遵守操作规程。第5.6节[44]给出了对于大型装置停车，关于承包商有效管理的成功案例。承包商管理指南及详细信息在其他地方也有效[14][31]。

在处理装置停车时，复杂项目出现的相关问题可能会对过程安全管理不利。下两节覆盖了两个装置停车阶段的操作模式：装置停车(第5.4节)和停车后开车(第5.5节)。

5.4 装置停车准备

装置停车时的瞬态操作模式(表1.1中类型5)在装置停车阶段，除了正常的停车程序外，需要非常规程序。装置停车是非常复杂的，涉及不同的团队，要花费几周甚至是几个月时间，包括项目前期准备时间和项目执行时间。设备停车的额外时间见图4.3。

操作及维护人员针对准备步骤，有时需要增加额外的程序或特定程序。这些额外增加的行政管控，如安全工作规范(SWP)，如果被认真理解和执行，就可以降低人员接触有毒物料的暴露概率[14][21][37]。用于设备停车的行政管控措施，如在设备准备阶段、设备封存的处理及维护阶段、与运行团队进行设备交接的准备阶段都比在过程停车阶段要花费更多的时间。

这些额外增加的程序可能不会经常执行，但参与装置停车的每一个人都要了解装置停车的不同步骤，并且严格按照这些步骤执行。并能在事情未按计划进行时，迅速识别并做出适当的反应。如果没有对危险进行充分评估和处理，或者在不了解自己认为的解决方案会如何增加过程安全风险的情况下，对既定的、已批准的计划进行更改，就会造成严重的人员伤亡、环境危害和财产损失。项目计划应由参与停机计划和安全执行的各个小组(包括操作、维护和工程小组)进行彻底审查和批准。

有效的交接协议和系统应当保证到位，这样才能确保设备工作人员在工作开始之前清楚哪些危害已经被解决了，哪些没有被解决。为了使设备处理工作更加安全，可能需要对设备进行特殊清洁或隔离，这就可能引入新的危害(用氮气或惰性气体置换有毒或可燃气体)。健全的项目管理系统有助于一切准备处于良好状态，在工作人员开始工作之前，所有设备处于准备阶段，工作人员清楚各种状况。这将有助于减少和避免交接失误产生重大危险。

5.5 装置停车后的开车

装置停车后的开车(表1.1中类别6)在计划和恢复运行时，除了正常开车程序外，可能需要非常规程序。如果装置停车涉及其他团队，如工程技术人员、维修人员、承包商或运营团队等，则交接程序一定要到位，包括进行操作就绪审查(ORR)和投产前安全分析。装置停车后的开车，比正常或计划性开车将要花费更多的时间，这是因为涉及项目准备和停车程序，包括全面的操作就绪审查时间。

良好的操作纪律，有效的过程安全管理，可以降低事故发生的可能性[21]。之前发生的Marsh和美国CSB事故都是设备停车或计划停车后，启动备用设备引发的严重事故，部分原因是其他团队向运营团队工作交接不充分[3][4][9][36]。操作人员应完全了解项目竣工后，开车阶段遗留的危险。如果培训对新设备或升级设备的安全操作较为关键，那么操作人员在开车之前应进行充分的培训，使他们能更好地按照新的程序去操作设备。

5.5.1 设备预调试

正如第4章第4.4节所述，有效管理可以建立起项目生命周期每个阶段装置停车工作交接的审核系统，确保设备安装和变更按照标准进行，并做好向运行团队交接的准备。这包括设备预调试审核和结束工作清单审核。第4章列出了关于工作交接审核问题的案例，见表4.1(包括承包商、开车团队)和表4.2(包括运行启动前的调试和预开车)。表中列出了项目团队需要确认的代表性问题，包括项目生命周期内每个阶段要完成的工作。另外，如果装置停车包含需受特殊保护的设备(例如，停车期间在未被检修时进行封存)，则应在调试设备时说明/关注为保护设备而采取的措施。

5.5.2 封存设备的调试

封存设备的重新调试取决于设备封存的时间和封存技术的维护状况(第5.3.4部分)。无论在什么情况下，都应该安排一个多领域的项目团队对设备封存的完整性进行检查。使用的保存方法，应根据需要进行验证(例如：盘机)其是否有效(例如：设备表面涂油)。对于停车的封存设备，调试团队应在运行团队重新开车之前[14]执行操作就绪审查(ORR)。

5.6 事故和教训

本节包括一些与装置停车相关的细节。事故摘要参见附件。

5.6.1 非过程安全事故的案例研究

C5.6.1-1-海豚能源有限责任公司(DEL)[44]

*项目时间：*2003—2010年。

*装置停车原因：*主装置停车。

这个项目从概念设计、初设到运行起来花费了7年时间，包含一个陆上酸性气处理装置和两个海上平台，每个平台包含12口井和一个独立的8km长、直径0.9m的水下管线连接平台和陆上酸性气处理厂。该项目还包括364km的水下管道，连接陆上处理厂和接收设施。

项目有两个主要阶段，分别是调试和安全开车(表5.1)。第一阶段结束后，2009年装置停车30天；第二阶段，2010年维护停车11天。在项目人力高峰期时，第一阶段工作人数允许上限超过1000人，实际有986人；第二阶段工作人数允许上限超过300人，实际有272人。这两个阶段分别耗费承包商520000小时和79000小时。

第一阶段装置停车包括相关单元的协调工作，但不属于装置停车部分。交叉作业的安全进行，主要取决于项目团队之间的信息沟通。

停车期间(或开车期间)的事故追踪：

在这7年的努力中，没有过程安全事件，没有工伤，没有医疗救助(表5.2)。

风险管理系统的优势：

LS1）停车准备和计划(包括工作交接程序)。

由于化学物料和催化剂交货周期长，项目需要大量管道仪表图(P&ID)，停车团队在9个月之前就开始工作了。准备工作包括确定设备检查、变更的范围，完善关键盲板隔离清单。

海豚能源有限公司停车工作范围见表5.1。

表5.1 海豚能源有限公司停车工作范围

项　　目	保修停车：2009年2月	维护停车：2010年2月
时间/天	30	11
停车单元	单条生产线	多个单元
容器数量/个	126(+管线变更)	20(+管线变更)
承包商人工时/h·人工	520000	79000
高峰人数/人	986	272
盲板数量/个	1400	390
工作许可数量/个	>1000	300

海豚能源化工有限公司停车安全概要见表5.2。

表5.2 海豚能源化工有限公司停车安全概要

项　　目	保修停车：2009年2月	维护停车：2010年2月
工伤数量	0	0
医疗救助/急救次数	0/1	0/1
报道的未遂事故次数	6	5
工作前安全会议	1808	80
培训课程数量	1103	250
风险评估次数	150	30
安全奖励	5	2

注：工伤：Lost Time Injury，LTI；医疗救助：Medical Treatment Case，MTC；急救：First Aid Case，FAC；未遂事故：Near Miss，NM；工作前安全会议：Toolbox Talk，TBT，对于不同工作需要翻译成多种语言；总风险评估：Total Risk Assessments，TRAs。

停车团队使用海豚能源化工有限公司指定的机械隔离程序，编制工作方案声明(Work Method Statements，WMS)，通常为1页，内容如下[44,p.4]：

- 设备停车的目的；
- 工作执行框架；
- 运行团队及公共事务团队的工作范围；
- 明确辨识的设备经运行/支持团队交接给停车团队及承包商。

当完成上述所有工作后，反转交接程序(从停车团队移交到运行团队)。

RBPS 相关要素[14][40][31]*：*

- 承包商管理；
- 危害辨识与风险分析。

5.6.2 项目停车期间事故

C5.6.2-1-Husky 炼油厂[45]

*事故发生时间：*2018年。

*停车准备阶段发生事故的原因：*空气经废催化剂滑阀(SCSV)进入流化催化裂解单元(FCCU)烃类物质一侧，废催化剂滑阀因磨蚀故障打开。

*事故影响：*催化裂解单元的烃类物质被点燃，邻近设备爆炸，发生火灾；现场36人受伤，撤离部分周边社区人员。

风险管理系统的缺陷：

LL1）缺少有效的监测、测试和预防性维修(ITPM)计划，没有发现废催化剂滑阀(SCSV)因磨蚀穿孔。

- 资产完整性与可靠性。

5.6.3 装置停车后开车期间事故

C5.6.3-1-BP 得克萨斯炼油厂爆炸[8,pp. 60-67][20,pp. 414-416][21,pp. 385,索引][46][47][48][49]

*事故发生时间：*2005年。

*停车原因：*主要设备更换。

*开车期间发生事故的原因：*精馏塔溢流，烃类物质进入敞开的排放罐。排放罐溢流，可燃类烃类物质进入工艺区。烃类物质在地面集聚，快速形成蒸气云并被点燃发生爆炸。

*事故影响：*15人死亡，180人受伤，43000人撤离，重大财产损失，包括约1.2km(0.75英里)内的住宅。

风险管理系统的缺陷：

LL1）事故发生时，各级领导都在强调个人安全，却没有强调管理过程安全风险的审查、审计和管理。在得克萨斯炼油厂发生事故时，领导层并没有与员工建立积极、信任、开放的沟通环境。另外，领导层没有为员工提供足够的培训和资源(包括承包商)，尤其是培训员工的过程安全能力，还让员工超时工作；虽然确保了工作人员有效遵守安全工作程序(例如：工作许可、工作安全分析)，在重新开车之前，却没有考虑开车程序是否就位。

RBPS 相关要素：

- 过程安全文化；
- 过程安全能力；
- 员工参与；
- 操作程序；
- 安全作业规程；
- 承包商管理；
- 培训与绩效考核；
- 开车准备；
- 监测与指标；
- 审计；
- 管理评审与持续改进。

LL2）公司安全管理体系没有建立安全规范(强健的运营准则)，以确保适时遵守 BP 内部安全标准，适时实施外部良好安全实践，审查和辨识危险源，有效评估过程安全风险，掌握过程安全知识。

RBPS 相关要素：

- 标准符合性；
- 过程知识管理；
- 危害辨识与风险分析；
- 操作纪律。

LL3）关键设备及安全措施未辨识，也未列入维修计划。领导层未调查关键组件失效原因，并且在设备停车期间，领导层推迟或取消了一些关键设备的测试和检查，就重新开车。

RBPS 相关要素：

- 资产完整性与可靠性；
- 危害辨识与风险分析；
- 事故调查。

LL4）下列要点(部分来自本项目)汇总至表 5.3[8,p.67]。

表 5.3 装置停车后开车必备要点

CCPS 基于风险的过程安全要素		Ⅰ过程安全承诺	过程安全文化	标准符合性	过程安全能力	全员参与	与利益相关方沟通	Ⅱ了解危害和风险	过程知识管理	危害辨识与风险分析	Ⅲ风险管理	操作程序	安全作业实践	资产完整性与可靠性	承包商管理	培训与绩效考核	变更管理	开车准备	操作纪律	应急管理	Ⅳ吸取经验教训	事故调查	监测与指标	审计	管理评审与持续改进
“牢记要点”			1	2	3	4	5		6	7		8	9	10	11	12	13	14	15	16		17	18	19	20
（英国化学工程协会 BP 损失预防）			35%						12%			49%										3%			
BP 得克萨斯事故 CCPS 基于风险的过程安全汇总		**23**	14	2	2	5	0	**8**	3	5	**32**	6	1	2	0	7	2	4	9	1	**2**	2	0	0	0
1	很少开停车，新手需要进行培训	2	1		1			1		1	2	1				1					0				
2	确保所有的设备、仪表运行正常且均为最新认证	2	1	1				2	1	1	1			1							0				
3	确保所有的工作许可已关闭，设备已批准使用	2	1			1		0			3		1					1	1		0				
4	每次换班之前，团队详细讨论下一班次工作流程	2	1			1		0			2	1				1					0				
5	辨识操作规程中所列的风险及保护措施	2	1			1		2	1	1	2	1							1		0				
6	按照书面流程和清单一步一步执行	2	1		1			0			3	1				1			1		0				
7	确保所有的盲板、阀门、锁在正确的位置	1	1					0			3					1		1	1		0				

续表

CCPS 基于风险的过程安全要素		**Ⅰ过程安全承诺**	过程安全文化	标准符合性	过程安全能力	全员参与	与利益相关方沟通	**Ⅱ了解危害和风险**	过程知识管理	危害辨识与风险分析	**Ⅲ风险管理**	操作程序	安全作业实践	资产完整性与可靠性	承包商管理	培训与绩效考核	变更管理	开车准备	操作纪律	应急管理	**Ⅳ吸取经验教训**	事故调查	监测与指标	审计	管理评审与持续改进
"牢记要点"（*英国化学工程协会 BP 损失预防*）			1	2	3	4	5		6	7		8	9	10	11	12	13	14	15	16		17	18	19	20
			35%						12%			49%										3%			
BP 得克萨斯事故 CCPS 基于风险的过程安全汇总		**23**	14	2	2	5	0	**8**	3	5	**32**	6	1	2	0	7	2	4	9	1	**2**	2	0	0	0
8	上一步没有完全满足要求之前，不要进行下一步的工作	2	1	1				0			3	1				1			1		0				
9	开车之前对设备进行全面检查，复核现场的初始状况，与控制室保持良好沟通	2	1			1		0			3			1		1		1			0				
10	修改开车程序之前，应对变更管理进行审核	1	1					1		1	3						1	1	1		0				
11	任何细微的偏差都应上报，对"微弱信号"保持警惕	1	1					0			1								1		1	1			
12	不要满足短期修复，应对事件的根本原因进行辨识和处理	1	1					0			2						1		1		1	1			
13	多问问题，向你不熟的操作人员寻求帮助	2	1			1		0			2					1			1		0				
14	如果不确定，或者多个参数偏离正常生产时的参数，装置停车并提醒可能暴露在该区域的人员	1	1					2	1	1	2	1								1	0				

RBPS 相关要素：

鉴于本次事故调查公布的版本数量之多，本次分析主要就 RBPS 相关要素薄弱环节做简要讨论，内容如下：

1）支柱Ⅰ：过程安全承诺

- 过程安全文化；
- 标准符合性；
- 过程安全能力；
- 员工参与。

事故发生时，设施过程安全相关缺陷占 CCPS RBPS 全部要素的 35%（参见第 10.3 节）。

2）支柱Ⅱ：了解危害和风险。

- 过程知识管理；
- 危害辨识与风险分析。

在事故发生时，对设备设施风险理解程度的不足占 CCPS RBS 相关要素略大于 10%（参见第 10.3 节）。

3）支柱Ⅲ：风险管理

- 操作程序；
- 安全作业实践；
- 培训与绩效考核；
- 变更管理；
- 开车准备；
- 操作纪律；
- 应急管理。

事故发生时，工厂设备设施风险管理程度不足占 CCPS RBPS 相关要素的 50%（参见第 10.3 节）。

4）支柱Ⅳ——吸取经验教训

- 事故调查。

事故发生时，无论是未遂（微小信号）事故，还是更深层次潜在原因的调查不足占 CCPS RBPS 相关因素的 3%（参见第 10.3 节）。

正如后面第 10 章讨论的那样，要素Ⅱ，Ⅲ和Ⅳ的不足可以看作是要素Ⅰ的不足，设备设施过程安全投入不足。

C5.6.3-2-化学反应失控、压力容器爆炸和火灾[50][51]

*事故发生时间：*2008 年。

*装置停车原因：*长时间停车，便于安装新的控制系统和压力容器。

*开车期间发生的事故原因：*新的操作系统太过复杂，重新开车之前，操作人员执行能力不匹配，各班组工艺条件沟通不充分。

*事故影响：*爆炸之后，大火烧了 4 个多小时，造成 2 人死亡，8 人受伤，附近 4 万居民撤离，邻近高速公路因浓烟导致交通中断。

风险管理系统的缺陷：

LL1）对于新的操作系统，操作人员没有对其进行充分的培训，另外，当班人员与接班人员没有进行充分的工作交接。接班人员不知道温度上升很慢是因为发生了聚合反应，当他们注意到温度上升很快的时候，反应已经失控。

RBPS 相关要素：

- 过程知识管理；
- 培训与绩效考核。

LL2）操作规程没有要求对闪蒸罐底部残留物进行实验室取样，确认其浓度是否过高(在工艺危害分析中辨识)。不过，开车操作规程包括在重新开车、重新启动单元设备、重新进料之前，要对上次运行的残留物进行取样分析。接班人员在重新启动设备之前，并不知道实验结果显示残留物浓度很高。

RBPS 相关要素：

- 过程知识管理；
- 危害辨识与风险分析；
- 操作程序。

[注：其他经验教训包括无效的操作就绪审查(ORR)(例如预开车安全审查)和应急响应协议(例如应急管理)[50]。]

5.7 基于风险的过程安全(RBPS)要素的应用

所有基于风险的过程安全要素(RBPS)，均适用于准备开展过程安全及风险管理的计划，目的是对装置开停车进行有效的过程安全风险管理(表 1.1 中列出了类别 5 和类别 6 瞬态操作模式)。与 RBPS 要素相关的完整的过程安全及风险管理的应用和审计指南可参考其他资料[14][31]。

第二部分

异常和紧急操作

6 恢复操作

6.1 引言

本章给出了“恢复”一词的定义；介绍了在异常操作工况期间，运营团队如何恢复过程控制（第 6.2 节）；描述了一种用于帮助预测可能导致异常工况过程偏差的方法（第 6.3 节）；以及如何有效管理异常工况并成功地恢复（第 6.4 节）；探讨了与恢复有关的事件及其经验教训（第 6.5 节）；并简要概述了 CCPS 基于风险的过程安全计划及其要素如何有效地管理和帮助组织改进对异常工况的应对（第 6.6 节）。

6.2 从异常工况中恢复操作

“恢复”发生在异常工况期间，此时操作偏差仍然在可控范围内，不需要关停工艺。恢复模式定义为“操作人员可以安全地响应工艺波动并将其恢复到正常运行状态的时间”（表 2.1）。图 1.3 为帮助操作团队应对异常工况的流程图。尽管恢复操作没有与之对应的“瞬态操作模式”，但如果应对不成功，操作团队必须根据安全停车的控制能力来选择非计划停车或紧急停车（图 1.3）。有时，在诊断进程故障时，可以将工艺置于待机模式。待机模式是一段临时、稳定和安全的时段，指设备不在正常运行状态，但仍在安全运行范围内，并不等于完全停车。在第 7 章和第 8 章中更详细地介绍了在运营团队恢复工作失败时使用的非计划和紧急停车措施。

6.3 预测异常操作

过程安全相关风险可以通过危险与可操作性（HAZOP）分析来预测和评估，HAZOP 是一种结构化且基于引导词对过程安全进行分析的工具[15]。作为过程危害分析(PHA)的一部分，HAZOP 方法有助于团队预测和评估与过程偏差相关的危害和风险。连续工艺的一些潜在工艺条件偏差的示例见表 6.1。这些预设的偏差用于帮助确定设计意图，并通过识别可能导致损失事件的过程偏差来促进说明。如图 6.1 所示，过程偏差可能导致一系列响应，从本章所述的恢复工作，到非计划停车(第 7 章)，或紧急停车(第 8 章)。例如，高于操作压力的情况会体现在表 6.1 中“压力高”偏差中。良好的危害辨识已将施工材料选择错误、设计错误和机械失效事件比例从 20 世纪 50 年代的 69%降至 20 世纪 80 年代的 42%[3,第4部分]。

表 6.1 连续流程 HAZOP 分析中使用的偏差示例

引导词	流量	温度	压力	液位(界面)
高	流量高	温度高	压力高	液位高
低	流量低	温度低	压力低	液位低
无	无流量	深冷	真空	无液位
其他	逆流			
	错误流向			

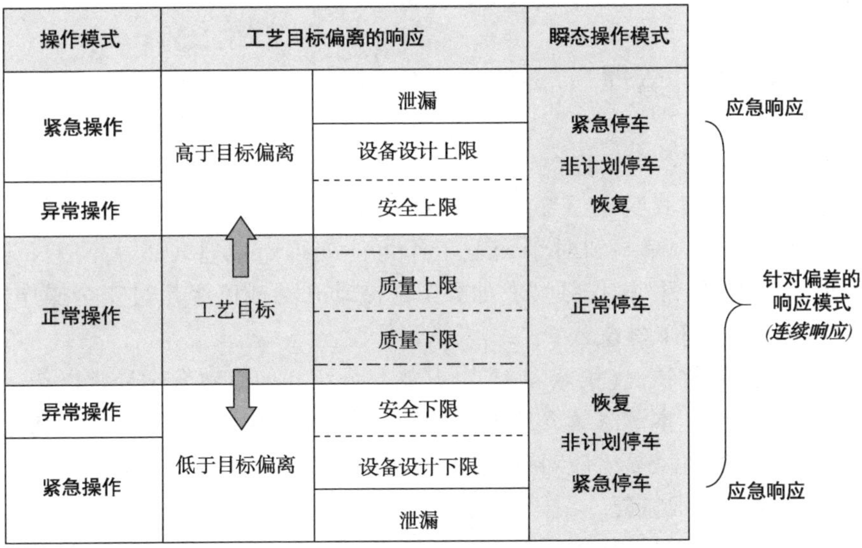

图 6.1 工艺目标偏差的响应

如果该偏差适用于正在审核的设备，多专业 PHA 团队将提出并讨论潜在的偏差，并确定哪些偏差存在过程安全风险，需要保护措施以防止事故发生。因此，可以预测、规划和有效管理在瞬态操作模式下，过程安全相关风险的异常操作。这种 PHA 团队导向的方法，包括危害识别和危险识别与风险分析(HIRA)方法，在其他出版物中有更详细的描述[4][14][52][53][54]。附录和其他出版物[21,p.194]提供了一个更全面的引导词矩阵，用于连续和批量工艺。

尽管可操作危害审查可以完整地梳理操作相关的引导词。但由于违反规程，仍然在瞬态操作期间发生过事故，尤其是在执行非常规任务或应对异常操作快速响应时。因此相关导则明确了，HAZOP 可以发现瞬态期间可能发生的程序问题[4]。特别是，在这些过渡时期导致事故的共同因素是“增加人与过程的互动与操作工和程序控制是防止事故发生的关键屏障[4,p.2]”。HAZOP 旨在确保有足够的屏障来降低风险，无论是预防、缓解性还是行政措施。它是有效设计、实施和维护屏障以助于降低过程安全风险的组合。

许多设施已经开始预测危害，并预防或减缓后果。特别是，世界各国的地缘政治动荡和战争使炼油厂、天然气设施和其他使用有毒、易燃或爆炸性物料的制造商成为恐怖分子的目标。网络攻击还会降低生产效率，并危害了处理危险物料和能量的过程安全。出于这个原因，可以实施许多防御策略，以降低受到攻击的可能性，在上述设施成为攻击目标的情况下，设计紧急响应能力，以减少失去包容的最终后果。更多详细信息见其他出版物[55][56,第35章,p.2-8][57][58]。

6.4 异常操作管理

异常操作被定义为“在正常操作期间出现工艺波动且工艺条件偏离正常运行条件时发生的操作模式”(表 2.2)。这些对正常运行条件的干扰可能会导致偏差，范围覆盖相对较小的偏差到对于恢复工作可能变得难以管理的大偏差。因此，“正常”操作进入“异常”操作领域，如果工艺波动开始或已经超过安全操作极限，则应执行“紧急”操作(图 6.2)。

本节从描述异常情况(第 6.4.1 节)开始，介绍如何有效管理异常操作，以便成功进行恢复工作。本节继续介绍如何处理异常情况(第 6.4.2 节)，并在最后描述操作团队如何通过恢复来应对预期偏差(第 6.4.3 节)。

6.4.1 异常工况恢复

在连续操作和批量操作中，异常运行的恢复行动是通过操作团队响应，以保持过程在控制的条件下从异常运行中恢复。在正常运行过程中，无论是稳态连续过程还是非稳态间歇过程，该工艺都在其安全范围内运行，如图 3.2 和图 3.3 所示。异常工况被定义为“在工业过程中，过程的基本过程控制系统(BPCS)无法应

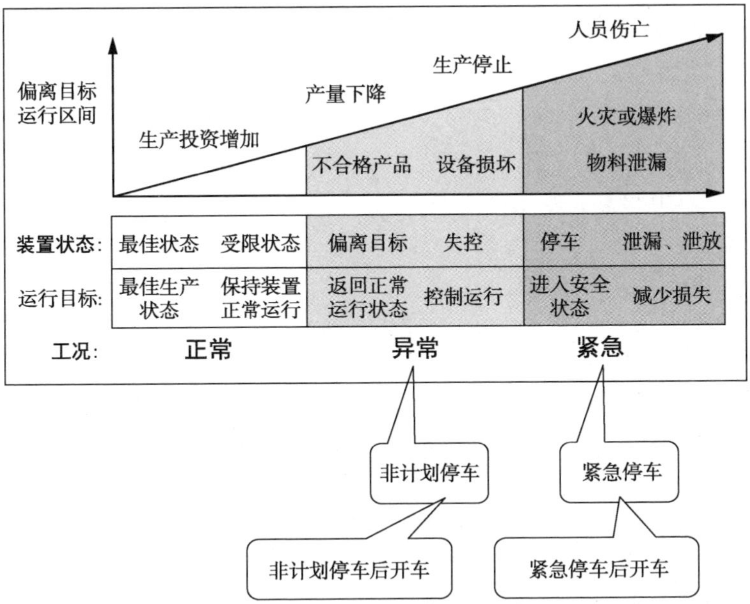

图 6.2　与异常和紧急操作相关的瞬态操作模式[15]

对的扰动”[34]。成功控制过程安全风险的恢复工作取决于工程控制的完整性和可靠性，以及通过行政控制作出反应的操作规程[21]。

由于预期的过程偏差相对“小”，它们可以被成功地响应，如图 6.3 的时间轴中的连续过程所示。可以使用危害和风险分析方法预测和确定过程波动，如第 6.3 节中对压力高偏差的简要讨论。然后，通过了解应管理的过程安全风险的波动，可以识别、设计、实施和维护正常操作所需的工程和管理屏障。一旦检测到波动，这些屏障可帮助运营团队安全地将流程恢复到其标准运营条件。工程控制包括了解基本过程控制系统(BPCS)[59]的动态特性。管理控制、“操作规程”的编写是为了在标准(预期)操作条件下指导操作团队，并且通常提供最少的故障排除协议来帮助恢复工作。正如本章前面提到的，当针对异常工况的恢复工作不成功时，运营团队将开始停车流程。

如前所述，对工艺偏差有不同类型的工程控制和管理控制响应；压力高和压力低的过程偏差可能会导致超出安全设备设计极限并导致泄漏。无论是连续过程还是间歇过程，这些工程控制和管理控制都可以帮助运营团队检测、响应过程偏差并从中恢复。因此，恢复措施有助于控制过程，通过防止工艺条件超出安全设备设计限制，有效管理与危险物料和能量相关的风险。如图 6.3 所示，成功恢复不会导致工艺停车，因此，没有与这种日常互动相关的瞬态停车运行模式。

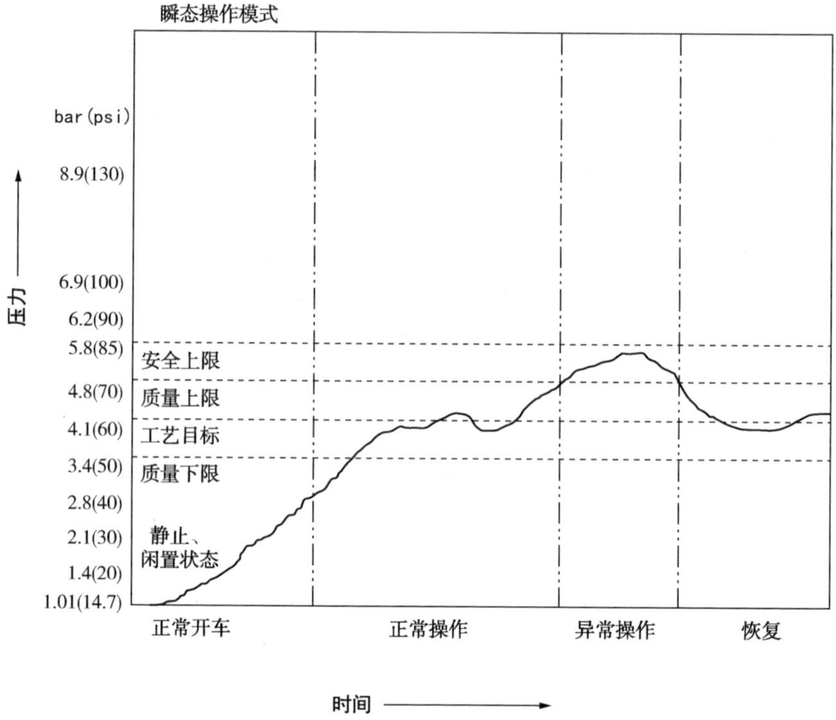

图 6.3　带恢复阶段的异常操作时间示例(连续工艺)

注：1bar = 10^5Pa。

在这一点上，值得注意的是，成功的恢复将使过程恢复到正常运行，并在生产运行结束时正常停车。但是，如果恢复不成功，则将根据偏差的程度对正常操作进行连续响应。如果操作团队决定使用正常的停车程序，就会出现非计划停车(在第 7 章中描述)。但是，如果该过程应立即停车，操作班组将开启紧急停车程序。这些紧急操作将在第 8 章中详细讨论。

6.4.2　异常工况管理

由于异常工况可能导致异常操作，因此必须建立系统来有效管理它们。本节将重点介绍当运维团队响应偏差，想要成功从异常工况中恢复时，需要加入故障排除工作(工程和管理)的内容。在危害评估中评估偏差时，偏差越大，响应往往越大。BPCS 接收并评估处理条件(例如温度或压力)和设备参数(例如液位和阀门打开/关闭位置)的值。当 BPCS 处于“控制状态”时，反馈回路将操作条件保持在质量和安全操作范围内。当它不能再有效地控制流程时，流程就不再处于正常运行模式，异常工况就会发生。

除了在正常和异常操作期间由 BPCS 自动控制之外，还有警报让操作团队知道是否需要他们采取管理措施。这些管理控制可能只是简单地确认面板警报，也可能涉及确保有人在现场目视检查或调整设备，例如打开或关闭手阀。管理控制包括正常操作程序以及瞬态操作模式期间的特殊程序：正常开停车、紧急工艺停车和紧急停车和之后的开车。如果情况是新出现的并且没有针对该情况的特定程序，则应建立情况响应管理系统来安全地解决可能出现的问题。通常，设施的变更管理体系用于处理此类临时操作[14][21]。

由于正常的操作程序可能包括一般的应急预案，因此这些程序必须编写完好、保持最新并有效实施(请参阅第 3.3 节)。但是，无法为可能发生(有时确实发生)的每一个潜在的偏差编写一个程序，不管偏差是在正常开车、正常操作期间发生的，还是在正常进程时发生的。这给编写有效的应急预案带来了问题，因为正常操作的操作程序是规范性的，在安全操作范围内操作时，可以对特定任务进行一步一步的说明。可以编写关于正常设备和工艺开停车、瞬态操作模式的程序，因为已经(或应该)了解了变化、瞬态操作条件及其相关的危害和风险。因此，只能在书面程序中提供一般性的应急预案。

异常工况管理(ASM)联盟成立于 1994 年，“为复杂工业工厂的运营创造了一个新的范例，其解决方案可以提高运营部门预防和应对异常工况的能力[60]。他们关注的是影响组织文化、工作流程、员工角色和责任的管理实践，以及与异常工况相关的有价值的行为[60]”。如图 6.4 所示，以设备相关故障为重点，ASM 联盟的目标是在设备性能下降之前，使用测试和检查来预测设备何时开始出现故障。另一种检测模式是主动检测，可以利用腐蚀速率等条件来监控设备，以主动解决通常会导致中度的设备损坏的事件。如果这两种设备的状态监测措施都没有

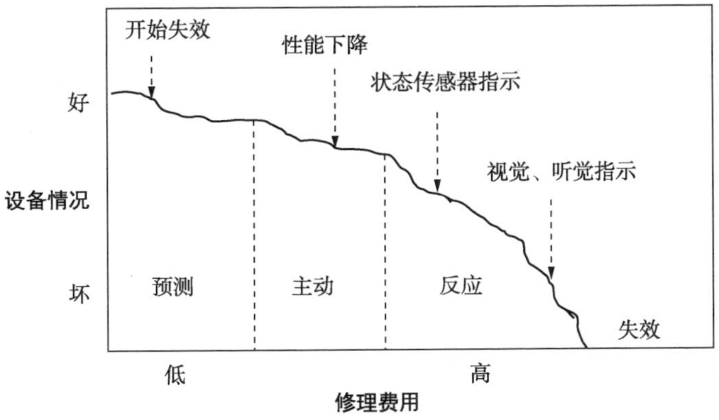

图 6.4　异常工况失效监测模型示例

到位，则操作部门应对退化的设备作出反应，通常是费用高昂的维修和紧急维护工作。如果没有对设备的状态进行监测、检测，甚至设备不适合使用，则可能导致灾难性故障[25][61]。更多关于提高资产完整性方案的有效方法的讨论将在第10章中提供。

重要的是要注意，“异常工况管理”程序是有效的，异常工况可以预期和预测，且检测和响应有效。然而，无法预料的、无法预测的异常工况通常不会被发现，并往往导致紧急情况发生。在处理开车和停车过程中可能需要实现的意外更改时，请参阅本书附录中关于“预期意外”的讨论。

6.4.3 成功恢复预期偏差的响应

该过程的设计目的是在连续工艺的正常操作期间制造优质产品；对于间歇过程，在生产运行结束时，根据需要从批处理设备中分离优质产品。成功的恢复工作保证持续生产，表现出如图6.3所示的连续过程恢复行为。当一切正常并按照设计进行时，这就是工厂良好且安全的生产——换句话说，其危险物料和能量的控制已得到有效管理。

6.5 事件和经验教训

当建立了有效的、正常的恢复程序时，恢复期间不应发生与过程安全相关的事件。当异常情况再次出现时，它们很可能是即将发生的更恶劣情况的先兆。因此，应在其变得不可控制之前对其进行调查和处理[29]。此外，当人员认为自己已经成功地恢复了工艺之后发生了事故，需要特别注意恢复失败的原因。例如，运行人员认为他们已经成功地从一个10min的冷却系统中断中恢复过来时，发生了以下事件。

C6.5-1-认为恢复但导致反应失控[62][63]

不幸的是，并非所有的响应工作都能成功，即使它们看起来是成功的。本案例描述了一个间歇式反应器，其冷却中断仅10min，就导致反应失控、反应器超压和严重爆炸。

*事故发生时间：*1969年。

*过程异常的原因：*硝基苯胺间歇换热器在10min的恢复时间内发生常规的、可接受的故障，然后恢复正常。

*生产恢复后发生事故的原因：*由于硝基氯苯过量充注和氨充注不足相结合而未检测到失控反应；参见图6.5中提供的时间线(与图3.3)。

*事故影响：*失控反应使反应釜超压，导致灾难性的失败和爆炸。4人受伤。

该设施被摧毁。爆炸声传到近 16km 外。

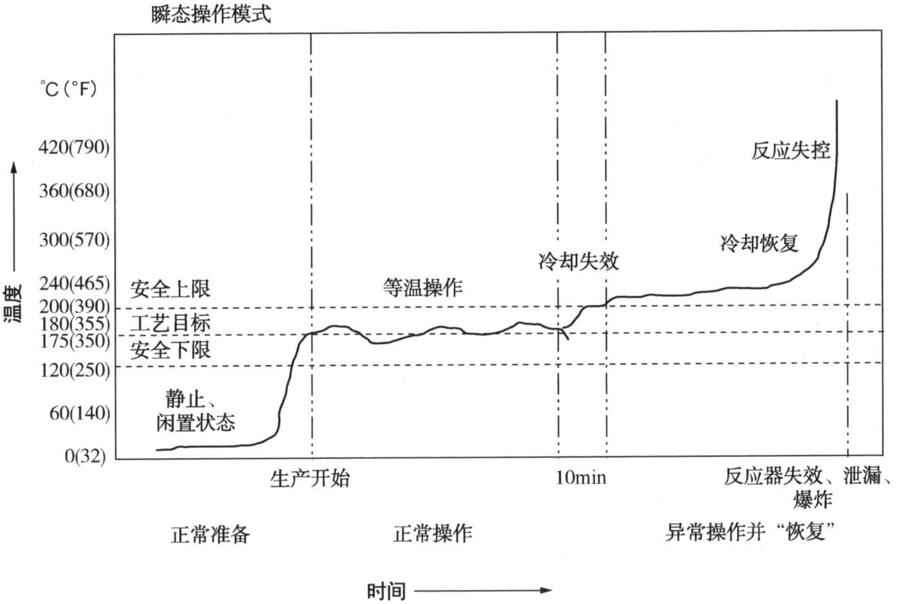

图 6.5　认为已恢复但最终反应失控并爆炸事故时间线模型

风险管理系统的缺陷：

LL1）人员不了解提高产能和批量时增加的风险。散热设计不足以防止过热，导致反应失控和反应器超压。

RBPS 相关要素：

- 过程知识管理；
- 危害辨识与风险分析；
- 变更管理；
- 操作程序。

LL2）操作人员和管理人员接受了冷却系统的例行故障这一情况，因为在没有停产的情况下响应一直是成功的，并且工艺在正常运行条件下保持运行。

RBPS 相关要素：

- 过程安全文化；
- 资产完整性与可靠性；
- 操作纪律。

6.6 基于风险的过程安全(RBPS)要素的应用

所有基于风险的过程安全(RBPS)要素适用于建立过程安全和风险管理程序，以有效地管理过程安全风险。有效的恢复是基于有效的过程安全程序的。对于成功地响应本章的主题——了解危害、评估风险以及工程和管理控制是至关重要的，在流程的生命周期中要确定、设计、实现和维持。有效的过程安全和风险管理程序是如今相当多导则的主题，注意到如何识别、设计、实施和维持这些程序的技术的知识继续发展。其他资料中提供了应用和审核这些 RBPS 要素的额外指导，以有效地整体管理过程安全风险[40]。

7　非计划停车

7.1　引言

本章第 7.2 节阐述了非计划停车的定义。第 7.3 节阐述了如何预测和准备非计划停车。第 7.4 节阐述了非计划停车时间结束后的开车。由于自然灾害，特别是极端天气事件，造成财产重大损失并导致重大人员伤亡事故发生，第 7.5 节简要概述了如何根据设施位置解决与自然灾害相关的停车和开车瞬态操作模式。第 7.6 节描述了非计划停车事件及其经验教训。此外，本章最后简要概述了 RBPS 程序及其要素如何用于有效管理与非计划停车相关的瞬态操作模式的风险。

7.2　非计划停车概述

非计划停车可定义为“计划外停车至重新开车的时间(表 2.1)”。尽管在可预测的生产程序中是“非计划”的，但这些停车的时间是可以被预料和被正确计划到的。换言之，由于“非计划”停车时间，就存在非计划停车的方案。

在以下情况下，可能会发生非计划停车：

- 工艺过程无法从异常情况中成功恢复，但可以使用正常停车程序；
- 为即将发生的自然灾害(如飓风或台风)做准备和停车的时候。

这些停车如图 6.2 所示，即与异常运行相关的瞬态操作模式。如果其他团队参与了非计划停车，如维护、特殊许可和移交程序，则应在执行停车相关的活动之前，根据需要提前到位。

7.3　非计划停车的预测和准备

对于非计划停车前的工艺停车瞬态操作模式(表 1.1 中类型 7)运行团队有三个选项可供选择。当团队：

- 无法从异常情况中恢复工艺，但有足够的时间使用正常停车程序；

- 应为预计或即将发生的自然灾害停车设施做好准备(如飓风或旋风)；
- 必须使用停车程序来应对已发生的自然灾害事件(例如地震、雷暴)。

如果其他团队参与了停车程序，则在执行停车相关活动之前，应制定特殊许可证和移交程序。下面将简要讨论这些停车选项。

7.3.1 由于恢复失败而触发停车

图 1.3 中的流程图显示了异常操作导致的停车类型，图 7.1 中显示了连续过程正常停车的异常操作的时间线示例。这与第 6 章(图 6.1)中讨论的异常情况下的成功恢复不同，因为在这种情况下，停车发生在恢复*不成功*的情况下，运营团队认识到他们有时间，可以使用正常停车程序停车流程。在这种情况下，由于加工条件接近安全操作极限，因此不存在紧急的过程安全风险。这可能是运营团队从经验中认识到的一个问题，他们知道他们的最佳选择是在失去对流程的控制之前停车，或者更重要的是，他们认识到“有些事情不对”，他们需要更多的时间来更好地了解不寻常的事件。这被称为保持警觉性(见附录中的其他讨论)；操作工有权在不好的情况发生之前停车。

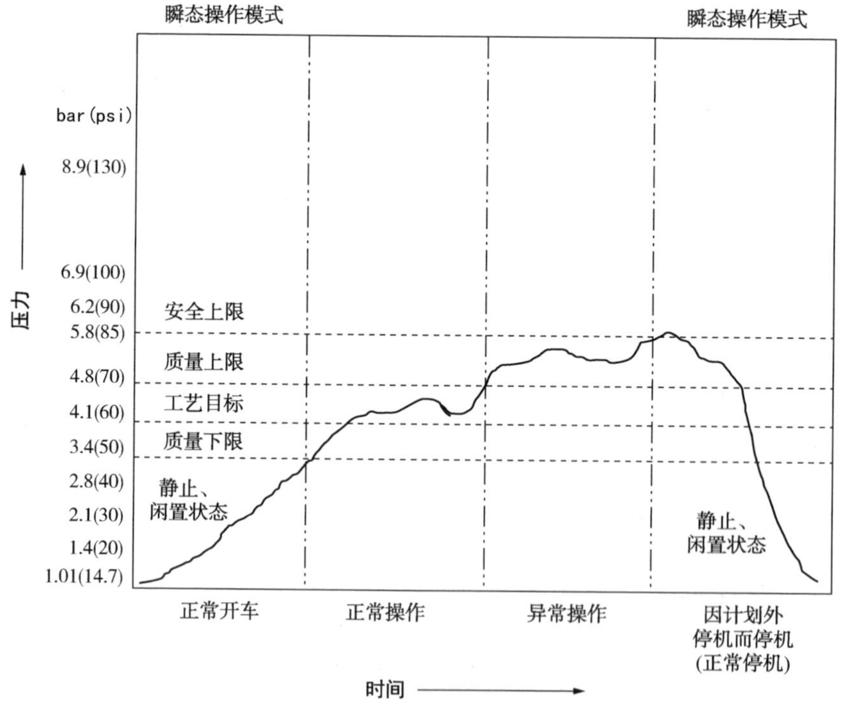

图 7.1 正常停车(非计划停车)时异常运行的时间线示例

注：1bar = 10^5Pa，1psi = 6.89kPa。

在这一点上，还必须认识到，运行团队还有其他非计划停车选项，如图 1.3 "异常和紧急运行流程图"所示。这些紧急停车响应将在第 8 章中讨论。

7.3.2 因自然灾害事件触发停车

由于存在特定位置的自然灾害，如飓风或台风，这些灾害是可以预测、准备、应对并从中恢复的，运营团队将有额外的、专门编写的步骤计划，以准备、评估损失，然后从事件中恢复。这些额外的停车活动可能是非常规的，因此可能不会经常执行。由于这些额外的程序，为自然灾害事件做准备而进行的停车可能比正常停车需要更多的时间，因此，可能需要在停车前在工艺运行的同时进行。

7.3.3 因公用工程失效而触发停车

虽然每种类型的公用工程损失都是可以预测的，但在某种程度上，其中一些损失无法预测*何时会发生*。预期的公用工程损失包括供应商系统的预定工作。意外的公用工程损失事件可能是突然或快速（即电力损失）或缓慢（即蒸汽损失）。无论事件是否快速发生，工厂都会确定在计划内和非计划停车期间有效管理过程安全风险所需的工程控制和管理控制类型。工程控制，包括工程设计，需要在事件发生前进行设计和实施，管理控制需要在不可预测但预期的时间有效执行。管理控制在管理停车流程时的瞬态操作模式、评估损害时以及最重要的在运行就绪性审查后重新开车流程时至关重要。附录中提供了"公用工程损失"检查表，以帮助指导设施公用工程损失的规划和安全执行，以便在流程停车时安全管理其风险。

7.4 触发非计划停车后的开车

表 1.1 中第 8 类计划外停车瞬态操作模式后的开车是指在非计划停车后准备和恢复运行的时间。这些开车如图 6.2 所示，即与异常运行相关的瞬态操作模式。如果其他团队参与了非计划停车，如维护，则应在恢复运行前审查和授权为停车相关活动实施的特殊许可证和移交程序。这包括根据需要进行投产前安全分析（PSSR）和操作就绪审查（ORR）[14]。此外，如果事先有非常规程序用于停车工艺，则在开车过程中可能会有非常规开车程序用于逆转这些程序。注意，由于涉及额外的程序，非计划停车后的开车可能比正常工艺开车需要更多的时间。

7.4.1 恢复尝试失败后的开车

由于运营团队意识到他们有时间并且可以使用正常的停车程序停车，因此需要在流程重新开车之前了解流程停车的原因。应使用典型的调查方法，例如根原因分析，尤其是在重复尝试恢复失败的情况下。

7.4.2 自然灾害事件后的开车

飓风或旋风即将登陆海岸线设施，这是一个由于自然灾害导致的非计划停车的例子。一旦对飓风造成的损害进行了评估，受损设备可以根据需要进行维修或更换，并需要在开车前通过操作就绪审查重新投入使用。这些准备和恢复步骤对于自然灾害事件后的安全开车至关重要。自然灾害事件见 7.6.4 节。

7.4.3 公用工程失效后的开车

在公用工程失效后，需要了解用于安全停车流程的工程控制和管理控制。在评估潜在设备损坏并根据需要修理损坏的设备之后，最重要的是，在设备移交给运营团队之前，要对设备的运行准备情况进行审查，然后可进行安全开车。

断电后发生的事件如 7.6.3 节所示。

虽然公用工程中断后的开车取决于工艺的类型和设备的影响，但蒸汽失效后的开车应考虑以下几个方面：

- 通过分阶段开车设备，防止蒸汽系统初始蒸汽负荷过高，重新开车时出现潜在的蒸汽供应压力低的问题；
- 确保蒸汽管线中没有冷凝水，必要时需排放掉，以防止重启时出现"水锤"和管道损坏；
- 确保储罐和容器中有足够的液体覆盖蒸汽盘管后，再将蒸汽引入蒸汽盘。(注：引入带有加热蒸汽盘管的空容器的液体在与热盘管接触时会闪蒸或汽化，可能导致设备损坏，如蒸汽膨胀导致过压。设备灾难性损坏可能导致蒸发物质失控。)

尽管美国农业部指南系列侧重于生产食品的小型工厂，但这本特别的指南讨论了如何准备、应对和从断电紧急情况中恢复[64, p. 15-19]。

7.5 自然灾害事件导致的非计划停车管理

导致重大停产、设施瘫痪的自然灾害事件造成了非计划停车，其中一些导致了重大过程安全及相关危害事件[36]。当天气与其通常的天气模式显著不同时，在管理自然灾害风险时经常使用的术语是"极端天气"[65]。虽然每一种自然灾害在某种程度上都是可以预见的，但其中一些灾害无法预测*何时会发生*。自然灾害事件的发生可能是不可预测的(如地震)，或者在发生时才容易预测(如飓风)。

无论事件是否可预测，设施的位置决定了在这些非计划停车时间内管理过程安全风险所需的工程控制和管理控制类型。表 7.1 提供了安全预测、设计和应对自然灾害所需信息的一般性框架[66]。工程控制，包括工程设计，需要在事件发生前进行设计和实施，管理控制要在需要时有效执行，特别是在工艺停车和开车期间。

表 7.1 预测和应对自然灾害的准则[66]

1	**危害辨识**
2	**收集数据**
3	**确定要评估的设备**
4	**根据设计标准评估设备**
	4.1 符合设计标准
	4.2 风险评估
	1. 自然灾害对设备造成的风险
	2. 对人员、生态系统和社会团体的风险
5	**自然灾害应急响应预案（NHERP）**
	1. 应急指挥中心（ECC）
	2. 权力和责任
	3. 了解危险
	4. 警报系统
	5. 激活提示
	6. 人员分配（包括骑乘人员）
	7. 疏散计划
	8. 相关性
	9. 公用工程
	10. 通信系统和协议
	11. 保护关键设备和数据
	12. 库存
	13. 通道和安保
	14. 安全
	15. 供应与后勤
	16. 设备检查
	17. NHERP 维护、质量评估/质量控制

续表

6　恢复	
	1. 稳定与评估
	2. 保护
	3. 维修
	4. 训练
	5. 工作人员
	6. 安置人员
	7. 住宿和交通
	8. 补给
7　重新调试	
	1. 投产前安全分析(PSSR)可操作性
	2. 投产前安全分析(PSSR)安全性
	3. 训练
8　评论与学习	
	1. 自然灾害应急响应预案(NHERP)的演练
	2. 自然灾害应急响应预案(NHERP)实施

7.5.1　识别特定位置的自然危害

无论设施位于何处，都会有自然灾害影响设施的正常日常运行，这通常会导致非计划停车，从而影响其生产进度。对陆上设施的过程安全风险管理产生不利影响的常见自然危害包括：

- 地质——地震、海啸、火山、滑坡、陷坑、溃坝；
- 气象——飓风或旋风、热带风暴(波浪或风暴潮)、暴雨、冰雹、雷击、暴风雪、冻雨/冰雹、暴雪、大风、沙尘暴；
- 水文——洪水；
- 气候——极端温度(冰冻、高温)、干旱、野火。

例如，其他地方提供了一些特定位置的气象灾害资源[67,表A-8]。

7.5.2　管理自然灾害风险的方法

基于设施位置的风险评估应包括以下危害辨识与风险分析阶段，对风险进行评估：

1. 自然灾害可能对设施造成的损害；

2. 自然灾害造成的损害对现场人员、社会团体和环境造成的后果；

3. 对后果可能性的估计；

4. 风险估计。

在预测和应对自然灾害时，表 7.1 所示的框架包含了这些阶段的结构化指导。

可能对设施产生不利影响的气象、水文和风暴气候可能会在很少警告或没有警告的情况下发生，但风暴发生前可能有几小时到几天的时间，这可以提前提供足够的停车准备时间。无论安全流程停车的时间是多是少，都应在需要之前制定管理准备和恢复程序以供使用。

具有足够停车时间的可预测的气象事件包括飓风、台风或旋风、热带风暴（海浪）、暴雨、雷暴、冰雹、暴雪、大风和沙尘暴。雷雨期间可能会发生雷击引发的事故，因为雷击会点燃易燃环境，如储罐内或储罐周围的易燃环境，并会因电气系统浪涌而破坏配电网络和设备。

英国记录了一个炼油厂在遭受严重雷击后发生重大工艺故障的例子[68]。尽管雷击只引发了原油蒸馏装置的火灾，但随后的工厂干扰和电力中断影响了最终发生爆炸的其余过程。爆炸是由于随后未能管理核电站的停车和安全造成的。导致爆炸的主要原因与近十年美国炼油厂发生的重大爆炸的原因相似[46]。这些原因包括：一个控制系统，允许更多的液体进入一个装置单元，而不是离开本单元；控制系统配置不当，当操作工对故障做出响应时，会出现令人困惑的警报；以及用于控制的关键仪器维护不足。

水文事件包括漫滩和沿海地区可能造成财产损失和运营停工的洪水。当河流溢出河岸时，河流洪水和当沿海水位超过正常潮位时，沿海洪水的影响可能是毁灭性的。

基于风险的方法包括处理自然灾害的预测、准备、处理和恢复阶段。这些阶段包括：

1. 防止自然灾害的特定位置工程设计，包括：

a. 设施及其工艺的建设；

b. 操作；

c. 维护；

d. 过程停车；

e. 过程重启。

2. 特定自然灾害的管理计划，包括以下方面的预先计划：

a. 事件发生前（*即安全停车*）；

b. 事件发生期间；

c. 评估损失；

d. 自然灾害后的恢复；

e. 重新开车(*即安全开车*)。

其他参考资料[66][69][70][71][72]详细介绍了为评估极端天气事件的风险、成功准备、持续操作以及事后安全恢复操作而讨论的一些应对措施。尽管美国农业部指南系列侧重于生产食品的小型植物，但本书还讨论了如何准备、应对和从危险天气紧急情况中恢复[64, p. 20-21]。

7.6 事件和经验教训

本节包括一些非计划停车相关事件的详细信息。附录中包含了事件摘要。

7.6.1 因非计划停车而触发停车期间的事件

C7.6.1-1-间歇式真空发生器仍处于“备用”状态[20, p. 287-288]

*事故发生时间：*未知。

*非计划停车激活备用停车方案的原因：*下游机组问题；预计持续时间 2~3h；实际持续时间 5 天。

*事故原因：*正常的产品加工问题(通常在几个小时内修复)，导致间歇真空蒸馏器操作工将设备置于其通常的备用模式。然而，下游问题直到五天后才得到解决。在备用时间内，间歇冷凝器仍在继续运行，破真空时，通气阀打开。图表记录纸用完后，未再对蒸馏器的温度进行监测(*注：*记录器上的纸张未更换；这个事故发生在数字控制系统操作应用之前)。“关闭”的传热控制阀实际上发生了泄漏，使锅炉温度升高到蒸馏器内物质的沸点。

*事故影响：*180kg 的液体通过打开的通气阀泄放。

风险管理系统的缺陷：

LL1) 没有为待机模式指定最长时间，也没有在待机模式下监控间歇蒸馏系统的说明。

RBPS 相关要素：

- 操作程序；
- 资产完整性与可靠性。

7.6.2 非计划停车期间发生的事件

C7.6.2-1-精馏塔停车并处于“备用”模式[73]

*事故发生时间：*2003 年。

*备用模式下非计划停车激活的停车原因：*爆炸前五周上游处理问题。

*事故原因：*由于蒸汽阀泄漏，MNT 蒸馏塔的隔离不充分。

*事故影响：*爆炸碎片飞致厂外，包括一块重 6t 的碎片，造成三名员工受伤，并引发了几起厂内和厂外火灾。

风险管理系统的缺陷

LL1）系统不到位：1）未充分评估工艺危害，包括了解材料的热不稳定性；2）未确保有足够的保护层（包括设施选址和控制室设计）；3）未将从类似间歇过程中吸取的经验教训应用于包含相同材料的连续过程；4）未将这些信息纳入操作程序、安全工作实践和培训中。

RBPS 相关要素：

- 过程知识管理；
- 危害辨识与风险分析；
- 操作程序；
- 安全作业实践；
- 培训与绩效考核；
- 事故调查。

LL2）系统未设置防止隔离阀泄漏的措施，包括腐蚀/冲蚀评估。

RBPS 相关要素：

- 资产完整性与可靠性。

LL3）系统没有建立在紧急情况下来提醒居民和场所附近的程序。

RBPS 相关要素：

- 应急管理。

7.6.3 非计划停车后开车期间发生的事件

C7.6.3-1-（在第 2 章中介绍）-米拉德制冷系统有限公司[18]

*事故发生时间：*2010 年。

*非计划停车激活的停车原因：*断电；持续时间 7h。

*开车事故的原因：*断电后重新开车时，由于水锤导致屋顶安装管道发生故障。水锤是“一种异常瞬态状态（液体快速减速），导致压力急剧上升，有可能导致管道、阀门和其他部件发生灾难性损坏，……通常在……管道中发出‘锤击声’”[18,p.2]。

当操作团队重新开车氨制冷系统时，一名操作工手动旁路了一个中断鼓风冷冻室蒸发器除霜循环的警报，将蒸发器直接从除霜模式切换到制冷模式，而不会从蒸发器盘管排出热气。控制系统继续正常运行然后将热气释放到含有低温液体的下游管道中。热气和冷液体的组合产生压力冲击，使管道破裂。

*事故影响：*14600kg 的无水氨被释放，氨云飘过一条河(图 7.2)。150 多人报告接触到释放的氨，其中 32 人住院，4 人进入重症监护室。

图 7.2　开车时发生的无水氨泄放影响的区域[18,p.4]

风险管理系统的缺陷：

LL1）控制系统包含一个编程错误，该错误允许循环中断，而没有解决热气体意外释放到冷充液系统中的可能性。“在意外中断、过程中断或断电后，制冷系统操作工可以通过编程控制系统，在重启时自动排放断电前处于除霜状态的任何盘管，从而避免手动干预除霜循环顺序[18,p.10]。”总的来说，该公司对其制冷系

统控制和水锤的可能性了解不足(参见“水锤”的补充资料[20, p. 171-174, p. 197])

RBPS 相关要素:

- 过程知识管理;
- 危害辨识与风险分析;
- 操作程序;
- 培训与绩效考核。

LL2) 应急响应人员尝试了4h来隔离破裂管道。薄弱的工程控制包括系统隔离设计不充分;通电泵、压缩机和阀门没有紧急停车开关,以防止物料泄漏到破裂管道中,从而限制泄放量。

RBPS 相关元素:

- 危害辨识与风险分析;
- 应急处理。

C7.6.3-2-烯烃装置全厂电力中断[74]

事故发生时间: 1998年之前。

非受控停工的原因: 电力完全丧失,迫使工程非计划停车;持续时间30min。

事故影响: 由于1)失去从特定位置进入工厂的供电,以及2)失去涡轮发电机的动力蒸汽(帮助工厂受控停车),整个烯烃厂失去了电力。

此外,烯烃联合装置还受许多公用工程的支持,包括蒸汽锅炉、火炬和含油污水管道油水分离器。

直接影响包括炉管结焦、安全阀起跳无法复位、闪蒸液体流至错误设备、压缩机和泵损坏、不应出现的水、低温设备堵塞、超分馏器污染、蒸馏塔内部损坏、火炬冒烟和其他环境释放。

风险管理系统开车优势:

LS1) 在非计划停车后重新开车之前,执行公用工程排污和检查,包括蒸汽、仪表空气、冷却水、锅炉给水、火炬、氢气和酸性气体系统;

LS2) 首先对大型压缩机、熔炉、制冷和超分馏器进行了辅助装置检查;

LS3) 通过顺序开车期间,每阶段操作人员和工艺技术人员在场:蒸汽锅炉、工艺气体和制冷压缩机、乙烷炉,然后处理C_4储存、重组分加工(注:开车程序中增加了可能的水积聚,这是重启期间未发现的问题)。

RBPS 重要要素:

- 危害辨识与风险分析;
- 操作程序;

- 资产完整性与可靠性。

风险管理系统开车的缺陷：

LL1）在开车过程中，锅炉给水管线意外中断，导致压力安全阀(PSV)将水排放至含油污水分离器，该分离器也接收含苯物料。分离器加注过量，将苯释放到大气中，由于超出接触极限，需要隔离分离器区域。由于下水道系统存在碳氢化合物和苯，需要对道路区域进行封锁。由于气味和吸入了蒸气，控制室空调必须停机。此外，调查发现，在检测到碳氢化合物和苯后，很少使用呼吸器。

RBPS 相关要素：

- 操作程序；
- 培训与绩效考核；
- 应急管理。

C7.6.3-3-硝酸铵工厂停电[75,p.案例研究二]

*事故发生时间：*2012 年之前。

*非计划停车原因：*停电；持续时间 17h。

*事故发生的原因：*由于相对浓缩的硝酸铵溶液和容器内的腐蚀产物的反应，在中和器中产生爆炸性气体环境。

*事故影响：*中和器在开车准备过程中发生爆炸，造成厂房墙壁超压损坏，飞屑损坏相邻中和器、混凝土梁和大梁，并因内部超压损坏设备。

风险管理系统的缺陷：

LL1）当工艺停车时，中和器中的溶液没有排放到安全位置，系统排放前没有时间限制，因此工艺开车程序不完善。

RBPS 相关要素：

- 操作程序；
- 培训与绩效考核。

LL2）设备、绝缘和工艺仪表的检查无效，导致金属腐蚀产物积聚在中和器内。

RBPS 相关要素：

- 资产完整性与可靠性。

7.6.4 自然灾害引起的事件

7.6.4.1 地质事件

C7.6.4.1-1-福岛第一核电站[76][77]

*事故发生时间：*2011 年。

*核电站停车的原因：*日本海岸发生大地震后的海啸。地震 40min 后，地震产

生的 14~15m 的波浪淹没了核电站周围的海堤。洪水造成了严重的破坏、断电、失控，然后是反应堆安全壳的失效。

*停车后发生事故的原因：*完全断电导致现场六台机组全部停车。海水淹没了冷却系统，损坏了电气设备，损坏了应急柴油备用发电机系统，并损坏了备用电池。操作工无法监测或控制装置的温度。随后几天，每个单元的反应堆都过热，释放出放射性物质，使周围社区和环境受到影响。其中三个单元发生爆炸。

*事故影响：*在海啸袭击后的三天内，核电站附近 20km 范围内的人们被疏散或要求在适当的地方避难。虽然没有直接归因于放射性物质释放的死亡，但有报告称此后甲状腺癌的发病率增加。

风险管理系统的缺陷：

LL1）领导层未能确保其员工具备管理其工艺危害（即核反应堆）所需的知识、培训和指导。事件期间，参与紧急事件的各公司代表、监管机构和组织的角色和职责不明确；应急准备和危机管理机制尚未建立，导致混乱和应急管理效率低下。

RBPS 相关要素：

- 过程安全文化；
- 过程安全能力；
- 与利益相关方沟通；
- 培训与绩效考核；
- 应急管理。

LL2）尽管核电站的设计能够承受重大地震，但该公司的风险评估没有充分解决太平洋“火环”发生的严重震级问题，并且低估了地震可能导致的海啸的影响。核电站的设计使得福岛核电站容易同时发生关键备用设备故障（即主电源、柴油发电机和备用电池的损失）。

RBPS 相关要素：

- 标准符合性；
- 过程知识管理；
- 危害辨识与风险分析。

风险管理优势：

LS1）尽管福岛第一核电站发生了核熔毁，但位于福岛核电站北部的另一座核电站女川核电站[77]在同一次地震后也遭受了海啸袭击。然而，该电厂的设计防止了福岛发电厂关键备用设备上发生的共因故障。女川核电站由一家具有不同安全文化的独立电力公司运营，能够在损害相对较小的情况下安全停车。此外，女川核电站已经建立了一个更强大的备用能源供应系统，以便在紧急情况下保持对反应堆的控制。

RBPS 相关要素：

- 过程安全文化；
- 过程知识管理；
- 危害辨识与风险分析。

7.6.4.2 气象事件

C7.6.4.2-1-乔治飓风洪水事件[36, p. 19]

*事故发生时间：*1998 年。

*设施停车的原因：*乔治飓风淹没了墨西哥湾沿岸的一家炼油厂。2 级飓风风暴潮覆盖了为保护炼油厂而修建的堤坝，使整个设施淹没在超过 1.2m 的盐水下，由于移动缓慢，炼油厂遭受了 17h 的大风和大雨。

*事故影响：*大约 2100 台电机发生盐水损坏；1900 台水泵；8000 个仪器组件；280 台涡轮机；及 200 项杂项机械；导致需要更换或大量重建受损设备。

风险管理系统的缺陷：

LL1）炼油厂较老的区域遭受洪水，由于设备布局造成重大财产损失。尽管大多数炼油厂遭受了严重损坏，但较新的控制楼和变电站几乎没有受到损坏，因为它们是在高出地面约 1.5m 的位置建造的。

RBPS 相关要素：

- 过程知识管理；
- 危害辨识与风险分析。

风险管理系统的优势：

事件发生在 1998 年。位于地面以上的较新建筑物、变电站和设备表明，预测极端天气事件有助于减少与风暴影响相关的损害。

C7.6.4.2-2-阿科马-克罗斯比洪水[78]

*事故发生时间：*2017 年。

*设施停车的原因：*哈维飓风，一场 4 级风暴，登陆并产生了“前所未有的降雨量，造成了严重的洪水。”

*事故影响：*降雨造成的大面积洪水超过了设备设计标高，导致电力、备用电源和关键制冷系统失效。最终，在有机过氧化物分解和燃烧之前，工厂周围 2.4km 半径区域内的所有工厂人员和居民都被疏散。21 人因接触烟雾而寻求医疗救治；超过 200 名居民在一周内无法返回家园。

风险管理系统的缺陷：

LL1）尽管阿科马有一个详细的飓风防备工厂，在飓风之前、期间和之后保护工人和财产，但克劳士贝的员工都没有预料到降雨或洪水的数量。在工艺危害分析(PHA)期间确定的所有保护层在洪水期间失效，这是一种常见失效模式，在研究期间未得到识别或解决。洪水发生时，克劳士贝设施的工作人员也不知道其保险公司的洪泛区划分，而且行业指南也没有明确规定在洪泛区关键设备的建议安装高度。

RBPS 相关要素：

- 过程知识管理；
- 危害辨识与风险分析。

LL2）疏散命令下达后，将疏散区一分为二的一条主要公路保持开放，以便应急响应人员能够将人员和资源转移到受洪水影响的附近地区。不幸的是，来自正在燃烧拖车的分解产物影响了 21 名穿过烟雾的人员。

RBPS 相关要素：

- 应急管理。

7.6.4.3 水文事故

飓风引起的洪水事故已在第 7.7.4.2 节中讨论。如果设施位于漫滩，则设施设计的相同标准适用：将关键设备置于洪水位以上，以确保高水位不会损坏设备。

7.6.4.4 气候事故

C7.6.4.4-1-冰雹[67,p.89]

*事故发生时间：*不详。

*工艺停车的原因：*该设施建成两年后遭受冰雹袭击。

*事件影响：*由于未识别的常见故障模式导致重大业务中断，导致设施完全断电。

风险管理系统的缺陷：

LL1）该公司意识到其新设施的位置在冬季会受到冰冻天气的影响。然而，当地公用工程公司可以从两个独立的发电站提供所需的电量。由于项目成本显著降低，并且基于供电和可靠性，该公司决定全部使用购买的电力，而不建造现场发电设施。完全断电后的调查显示，从两个独立发电站到处理设施的电力线均位于地面上方，并在最后 460m 的平行相邻路径上运行。这条平行路径沿着河流延伸，受到相同的结冰影响(常见故障模式)。

RBPS 相关要素：

- 危害辨识与风险分析。

7.7 基于风险的过程安全(RBPS)要素的应用

在制定过程安全和风险管理计划时，所有 CCPS 基于风险的过程安全(RBPS)要素均适用，以有效管理非计划停车后开车的停车过程安全风险。需要一个有效的过程安全计划来预测和准备的时间。必须了解停车和开车危害，评估其风险，并在整个过程中识别、设计、实施和维持工程和行政控制，以管理风险。主要与开车相关的危险包括压力、真空、热冲击和机械冲击[8,p.7]。有效的过程安全和风险管理计划是当今相当重要的主题，如何识别、设计、实施和维持这些计划的技术的知识在不断发展。其他参考资料[40]中提供了应用和审查这些 RBPS 要素以实现有效的整体过程安全和风险管理计划的指南。

8 紧急停车

8.1 引言

本章首先定义了在紧急状况下的停车，涵盖了无论是操作团队决定在异常操作期间立即停车，还是发生了危险物料或能量的灾难性释放；并简要讨论如何安全地应对危险物料或能源的泄漏事件(第 8.3 节)；讨论了关于如何预测和准备这类停车(第 8.4 节)以及如何在恢复工作完成后安全开车(第 8.5 节)。第 8.6 节描述了相关事件和从紧急情况中吸取的教训，重点关注与触发停车和后续开车相关的事件和教训。本章在最后的第 8.7 节简要概述了如何使用 RBPS 程序及其要素来有效管理与这些停车和后续开车相关的瞬态操作模式的风险。

8.2 紧急停车概述

因紧急停车而触发的停车被定义为“操作团队必须使用紧急工程控制和/或管理停车程序突然关停工艺的时间”(表 2.2)。这些停车可能发生在：

- 当操作条件处于或可能超过安全操作限值且未发生损失事件时，该过程无法从异常情况中成功恢复；
- 发生了需要安全应急响应的损失事件；
- 发生了不可预测的自然灾害事件(例如地震、雷击)。

这些停车如图 6.2 所示，即与紧急操作相关的瞬态操作模式。根据装置的应急响应资源和损失事件的程度，可能必须启动应急响应团队(ERT)和应急响应计划(ERP)。与计划外停车类似，这些停车可能具有特殊的程序、检查表和决策辅助工具，以解决停车期间可能发生的其他潜在危险情况。如果发生泄漏事件，在使用特殊应急响应程序、激活紧急停车设备(ESD)和激活 ERT 时，在应急响应期间可能需要额外的个体防护装备(PPE)。

8.3 安全响应事件

紧急停车期间和之后的应急响应的目标是确保每个人的安全，确保伤者(如果有的话)能够迅速得到接应和照顾，并且导致停车的损失事件得到尽可能快且尽可能安全的控制。对紧急停车的所有类型的应急响应都基于编制完善并实施的应急响应程序。安全的预先计划程序包括编制完善和实施的计划，例如：

- 紧急行动计划(EAP)，包括装置发生事故时每个人(包括承包商)的行动；
- 应急响应计划(ERP)，包括响应管理人员和应急响应人员的行动。

这些书面计划确保：

- 每个人都知道如何识别危险的紧急情况，例如火灾、溢出或泄漏，以及如何将紧急情况通知他人。
- 每个人都知道不同类型的紧急报警以及如何安全地响应它们。
- 每个人都知道报警响起时该去哪里，包括他们的安全疏散路线和集合点，如果需要。
- 受过培训的人员知道如何将工艺和装置置于安全状态，包括关停部分或整个工厂。
- 所有应急响应人员都了解危险，接受过适当的培训，并拥有足够可靠的应急响应设备和安全响应所需的PPE。
- 在紧急情况下每个人都负有责任。
- 安排和评审定期的、实际的应急演练(桌面和“现场”模拟)。

第3章第3.3节包含有关建立规程的更多信息。其他来源[21][40]中提供了有关事件规划和安全响应的其他详细信息。

8.4 预测和准备紧急情况下的停车

紧急停车——瞬态操作模式第9类(表1.1)——是除正常停车程序外可能需要非常规程序的运行时间，停止全部或部分工艺和生产。通常，生产人员可能有额外的专门书面的步骤和PPE来停止设备运行，尤其是在危险物料能量泄漏期间。

如第7章第7.2节所述，以及异常和紧急操作流程图(图1.3)所示，由于恢复工作不成功，操作团队便有更多与停车相关的工作去做。在紧急情况下的停车往往是由于与工艺目标较大的工艺偏差，正如不同操作团队对异常操作期间偏差的反应所示(图 6. 1)。当比较成功的恢复工作(第 6 章)和计划外的停车响应(第 7 章)之间存在偏差范围时，响应的连续性说明紧急情况的发生通常伴随着显著的工艺偏差，例如当接近或超过安全操作界限时，或当发生危险物料或能量的泄漏时，以及在刚刚发生的预期但计划外的自然灾害事件(例如地震)之后。一般来说，较大的偏差需要保证更快的响应，特别是当超过安全操作界限时。在某些情况下，要使用安全仪表系统(SIS)或紧急停车系统(ESS)[79][80]来执行更快的工程紧急停车。这种决策，无论是在连续过程还是间歇过程需要紧急停车，都是正确的[19]。立即采取工程和管理措施，并将工艺置于更安全的状态。

因此，当物料泄漏，导致人员因接触有毒物质或因点燃易燃物发生火灾和爆炸而导致死亡时，此时，主动应急响应为时已晚，无法防止伤害。有时，火灾或爆炸会严重损坏或摧毁用于执行停车或帮助减少泄漏事件后果的设备。例如，点燃泄漏的易燃物料会对人员和设备产生热辐射影响。火灾可能会阻止紧急救援人员进入受火灾影响的区域。爆炸所引起的破坏性超压可能会破坏应急响应设备，例如消防炮和消防水供应。有资料提供了一个爆炸严重损坏应急响应设备的例子[81]。

通常有四种一般类型的异常情况需要快速、紧急停车，根据损失事件的大小大致按以下顺序排列：

1. 当安全仪表系统(SIS)或紧急停车系统(ESS)被激活时(在潜在损失事件之前)；
2. 当 SIS 或 ESS 被激活时(损失事件后)；
3. 发生损失事件时(但没有激活 ERP)；
4. 当损失事件激活 ERP 时。

图 8. 1 展示了四种紧急停车类型。

停车后，工艺设备的最终状态有两个一般条件。下面描述这两种终止状态：第一种是紧急停车以正常停车状态结束时(第 8. 4. 1 节)；第二种是当终止状态不同于正常停车终止状态时(第 8. 4. 2 节)。

8. 4. 1 在正常终止状态停止的紧急停车

图 8. 2 展示了第一个终止状态，即停车在正常的静止、闲置状态结束。许多装置会在紧急停车时启动应急响应团队(ERT)，尤其是在失去控制的情况下。这可能会也可能不会启动应急响应计划(ERP)，具体取决于损失事件的规模和影响。终止状态与正常停车终止状态相同(图 3. 2)。这种静止、闲置状态假设在紧急情况下的停车没有触发任何额外的工程或管理控制，就会影响设备停车时的状态。

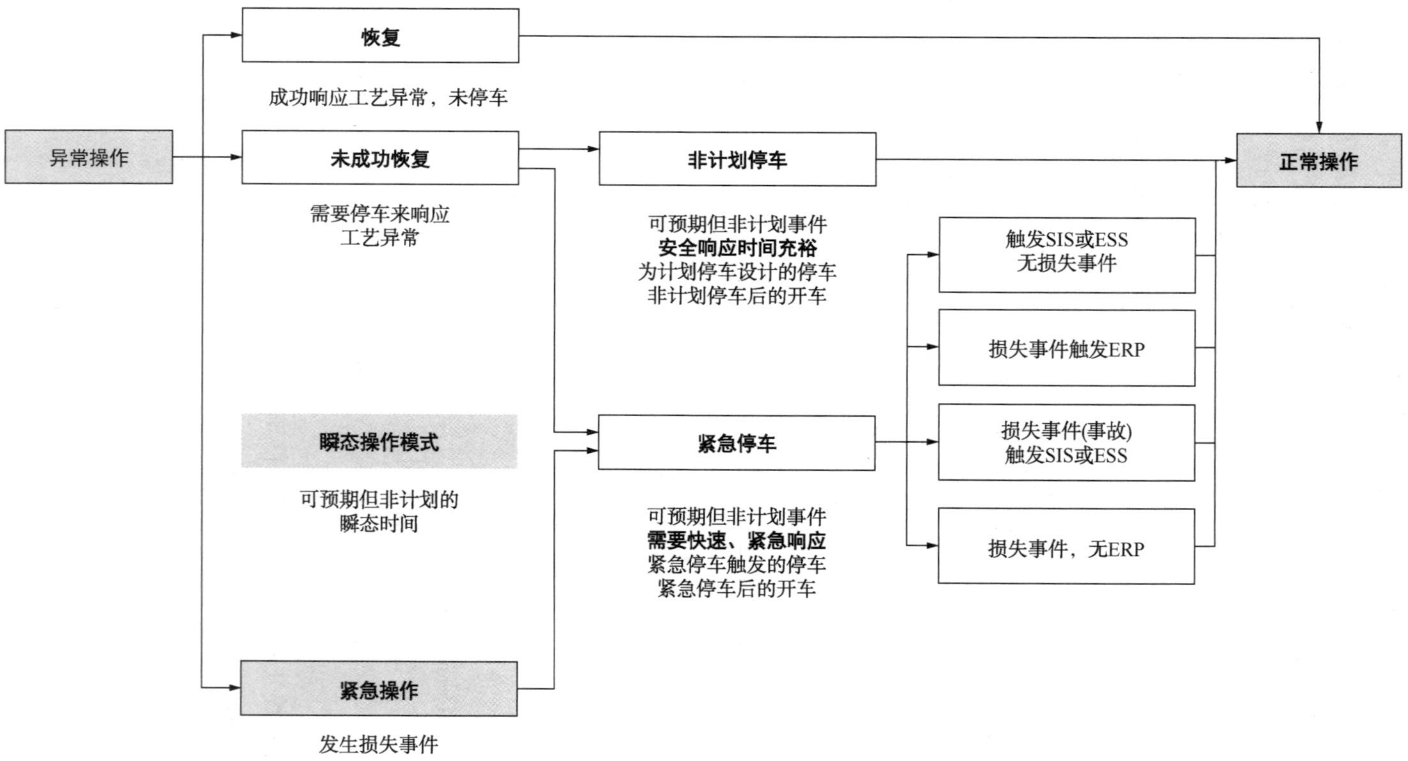

图8.1　不同类型紧急停车的异常和紧急操作流程图

图8.1注释：许多装置在紧急停车时，尤其是在失去控制的情况下，会启动其应急响应团队(ERT)。这可能会也可能不会启动紧急响应计划(ERP)，具体取决于损失事件的影响。

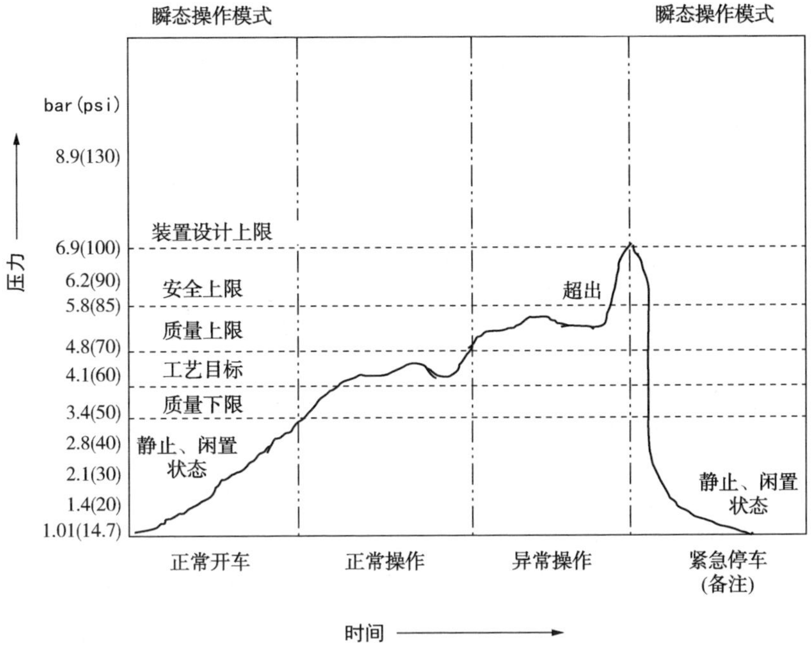

图 8.2 异常操作导致紧急停车到正常静止、闲置状态的时间线示例

注：1bar = 10^5Pa，1psi = 6.89kPa。

8.4.2 在不同终止状态停止的紧急停车

图 8.3 显示了第二个终止状态，即紧急停车未在正常的静止、闲置状态结束。如果最终状态不安全(可能是在意外紧急情况下)，则应在开车前对任何残余危害和风险进行彻底评估。除了可能启动应急响应团队(ERT)和应急响应计划(ERP)之外，还可能启动其他工程和管理控制，以快速帮助减少损失事件的影响。由于此终止状态与正常停车终止状态(图 3.2)不同，重启设备的人员应了解触发停车期间发生的情况，尤其是在快速停车期间设备状态受到的影响。第 8.5.2 部分将更详细地描述此类紧急停车后如何安全开车。

尽管紧急关断设施(ESD)设计应解决每种类型的紧急情况，但如果 ESD 受损或 ESD 未得到适当维护，它们可能无法工作。ESD 及其系统的资产完整性计划无效(或任何在发生损失事件后激活的缓解控制)可能会在需要时危及系统的可靠性。例如，当损失事件损坏了 ESD 的重要组件时，可能会发生受损的 ESD 系统无法控制或降低事件严重程度。有关紧急切断阀和系统的有效资产完整性计划的其他指南，包括安全关键设备，例如安全控制、报警、联锁和安全仪表系统(SIS)，在其他出版物中提供[2, p. 329-350][21][23][79][76][82]。

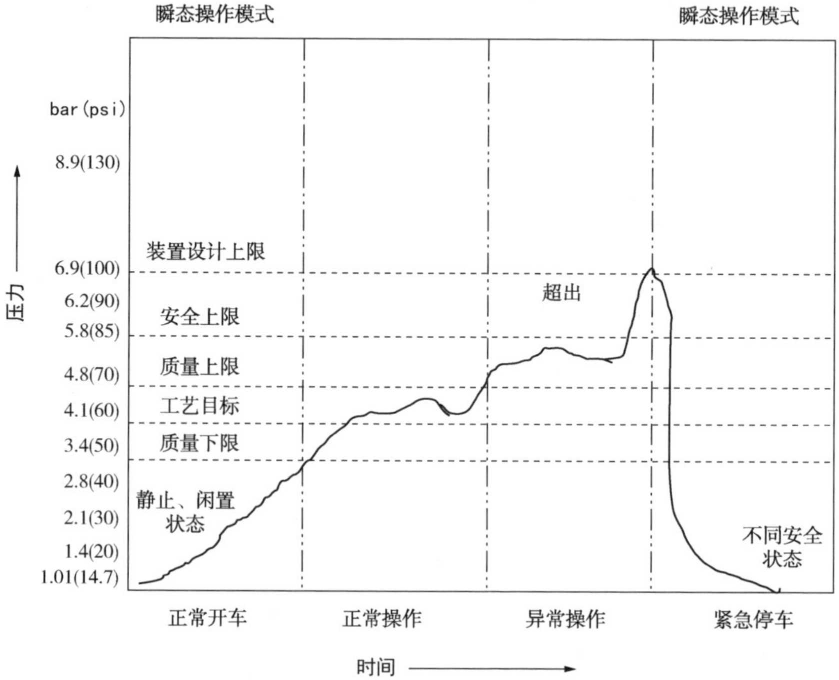

图 8.3　异常操作导致紧急停车到不同安全状态的时间线示例

注：1bar = 10^5Pa，1psi = 6.89kPa。

此外，某些紧急停车可能会由于未按正常方式停车而对其所保护的设备造成损坏。停车时压力、温度的剧烈变化会快速将过程处于可能接近于安全操作界限的安全最终状态，而不是正常停车最终状态，这会使设备产生应力(图 8.3)。当使用 ESD 时，任何潜在的多米诺效应都应该在被停车的工艺或设备的上游和下游得到解决。因此，响应激活的 ESD 的每个人都必须了解设备的状况，评估潜在损坏(可能是内部损坏，从外部看不到)，并确保设备在重新开车前被修复(如果需要)。

8.4.3　紧急停车造成的设备损坏

在某些情况下，如启动紧急关断设施(ESD)，紧急停车程序可能会由于未以正常方式停车而对其所保护的设备造成损坏。例如，用于燃烧器、燃烧室或燃烧炉的蒸汽灭火系统在开车时会造成内部损坏。在重新开车之前，应根据需要检查和修复停车期间燃烧室内部的物理损坏。因此，响应紧急停车的每个人都必须了解设备的最终状况，评估潜在的损坏，并确保在恢复开车之前修复设备(如果需要)。

8.5 紧急停车后的开车

紧急停车后的开车——瞬态操作模式第10类(表1.1)——定义为“紧急停车后准备和恢复运行的时间”(表2.2)。这些开车如图6.2所示，即与紧急操作相关的瞬态操作模式。如果因发生对人员、环境或财产造成危害的事件而导致紧急停车，则应在恢复运行之前设计并实施所有与特殊重启和操作相关的项目。这包括根据需要执行设备开车前安全审查(PSSR)和运行准备审查(ORR)。紧急停车后的开车包括在恢复全部或部分工艺和生产之前，除正常开车程序外，可能需要非常规程序的操作时间。由于在紧急情况下启动了额外工程或管理措施，停车后的开车可能比正常开车需要更多时间。设备安全开车的条件取决于紧急停车后的终止状态：工艺是停车到正常终止状态(图8.2)还是不同的终止状态(图8.3)。开车将取决于设施在其运行准备审查(ORR)中通过其所有设备的适用性规范，尤其是在事件造成的重大损失的情况下。接下来将讨论这些与最终状态相关的不同的开车。

8.5.1 停车后至正常终止状态

如果将正常停车程序用于“紧急停车”(认识到有些公司使用相同的安全停车程序，无论是否紧急)，那么设备应该处于“正常”终止状态，因此，应处于安全重启可接受的状态。有时，例如，一台设备可能会发生灾难性故障，并导致其余工艺单元、其他工艺单元甚至整个装置的非计划紧急停车。未受影响和未损坏的设备，根据损失事件影响的程度，在开车前可能不需要任何特殊检查或维修，因为它们使用正常停车程序停车到正常最终状态。

8.5.2 停车后至不同终止状态

但是，如果紧急停车程序导致设备异常终止状态，例如反应器内物料快速排放到临时储罐或其他安全位置，则在重新开车前应安全处理排放的物料并将其从受影响的工艺设备或二次收容移出。如果在重新开车之前没有评估设备的状况，并且如前所述，那么每个人都必须了解设备的终止状况，以确保在重新开车之前做好准备工作。

如果装置的一部分进入循环或待机模式而其他部分停车，则混合操作状态也可以定义为不同的终止状态。第7章(例如，C7.6.1-1和C7.6.2-1)描述了在其他设备处于待机模式的情况下对工艺的其他可能停车部分进行故障排除时发生的事件中的经验教训。

8.5.3 在重大事故后处理损坏的设备和工艺

如果紧急停车程序或紧急关断设施(ESD)由于未按正常方式停车而导致其所保护的设备损坏，则在重新开车之前应有处理设备损坏的程序。在设备重新开车之前，应进行彻底地测试和检查，尤其是检查潜在的(或已知的)内部损坏。因此，每个人都必须了解设备的最终状态，评估设备的潜在损坏情况，并在需要时在恢复开车之前修复设备。

8.5.4 重大事故后重建设备和工艺装置

在发生重大火灾、爆炸、洪水或飓风之后，将需要评估重大财产损失，在装置恢复运行之前需要进行设备维修或更换。如果受影响的工艺装置得到重建，由于承诺安全、快速地向客户供应产品，事故后项目可能会面临相当大的业务压力，需要重新恢复生产。公司可能决定重建以复制原始设计规范。但是，如果采购了短交货期可用的任何材料，即使规格与原始工艺设备不相同，该装置也需要有一个有效的变更管理体系，以确保过程安全风险可控，以及拆除与变更相关的施工风险可以得到有效管理。可能需要解决的另一个问题包括设计和建造被替换的设备以满足当前的设计标准，因为旧设备可能是多年前建造的。第 4 章简要介绍了有效管理工程项目的其他讨论，尤其是在重建重要设备时。

8.6 事故和经验教训

本节包含一些与紧急停车相关的事件的详细信息。事件摘要在附录中提供。

8.6.1 紧急停车时的事故

*一般说明：*虽然紧急停车导致了事故，但由于通常是在事故发生时采取了开车的减缓措施或行政控制措施，事故的严重性有所降低。

8.6.2 紧急停车期间发生的事故

C8.6.2-1-DPC 公司，L. P.[83]

*事故发生时间：*2002 年。

*在紧急停车期间发生事故的原因：*触发后，紧急关断系统(ESS)球阀没有工作，没有停止氯气释放。

*事故影响：*在紧急救援人员阻止泄漏之前，液氯槽车卸车软管发生故障导致 21800kg 液氯泄漏。66 人就医；3 人住院。装卸站周围的树木和其他植被遭到破坏。

风险管理系统的缺陷：

LL1）在事故发生时，DPC公司没有足够的检查、测试和预防性维护（ITPM）计划来确保资产的完整性和可靠性。特别是：（1）输送软管不符合设计规范（没有"正面材料识别"程序）；（2）紧急关断系统（ESS）球阀由于严重堵塞（尚未经过测试）而在需要时无法工作。

RBPS相关要素：

- 资产完整性与可靠性。

LL2）在事故发生时，DPC公司没有明确的应急响应计划，没有提供足够的应急响应设备，没有进行应急响应演练，也没有参与当地应急响应计划委员会。

RBPS相关要素：

- 应急管理。

8.6.3 紧急停车后开车过程中发生的事故

*一般说明：*在某些情况下，紧急停车导致设备损坏未被发现，并且在开车时表现为危险物料或能量的泄漏和失控。

C8.6.3-1-霍尼韦尔氟化氢（HF）泄漏[84,p.73-84]

*事故发生时间：*2003年。

*在紧急停车期间发生事故的原因：*氟化氢（HF）蒸发器在另一台设备发生事故时使用紧急程序迅速停车。蒸发器处于异常闲置状态，含有HF液体。

*事故影响：*几周后，操作人员试图清除残留的HF液体，释放出的HF导致一名员工及一名暴露在外的操作工受伤。

风险管理系统的缺陷：

LL1）当时，用于去除蒸发器中HF液体的新系统不起作用，使用了不同的程序。HAZOP没有分析正常停车程序的偏差，新的HF排放系统的调试也没有完成。参与变更后的排净程序的工作人员在操作时没有佩戴适当的PPE。

RBPS相关要素：

- 危害辨识与风险分析；
- 操作程序；
- 安全工作实践。

8.7 基于风险的过程安全（RBPS）要素的应用

在建立过程安全和风险管理计划以有效管理过程安全风险时，所有基于风险的过程安全（RBPS）要素均适用。在紧急情况下有效预测和激活停车是有效的过程安全计划的结果。对于此时的安全停车(本章的主题)，了解危害、评估风险以及识别、设计、实施和维持过程生命周期内的工程和管理控制至关重要。有效的过程安全和风险管理计划是当今重要的主题，并指出如何识别、设计、实施和维持这些应急响应计划的技术知识不断发展。其他资料提供了有关应用和审核这些 RBPS 要素以实现有效的整体过程安全和风险管理计划的其他指南[40]。

第三部分

其他考虑事项

9　瞬态期间的其他考虑事项

9.1　引言

本章介绍了当工艺流程处于异常运行状态时，与其他过渡时间相关的项目类型，概述了设备和工艺流程单元的生命周期(第 9.2 节)以及与这些生命周期相关项目连带的过渡时间。调试和首次开车项目是本章讨论的第一个过渡时间，涉及新设备、新工艺单元或新建设施(章节 9.2.1)。第二个过渡时间涉及生命周期结束的项目(章节 9.2.2)。正如本书前面所提到的，团队之间的有效交接对于在这些过渡时期有效管理过程安全风险至关重要，因为这些项目通常有拥有专业技术或退役专业知识的专业承包商参与(章节 9.2.3)。

第 9.3 节讨论了特殊调试和首次开车需考虑的问题，回顾了施工和开车之间的过渡期间发生的事件和吸取的教训(第 9.4 节)。第 9.5 节提供了关于报废时的停车注意事项。讨论了两个与退役相关的过渡时间，即临时封存时间和永久退役停车时间。设备会暂时停车一段未知的时间，在停车期间需要某种形式的保存(参见第 5.3.4 部分)。第 9.6 节讨论了封存的考虑，第 9.7 节回顾了在这些过渡时期发生的事件和吸取的教训。第 9.8 节讨论了具体的退役考虑事项，第 9.9 节提供了相应的事件和经验教训。本章最后讨论了 RBPS 要素如何应用于与生命周期相关项目的这些特定过渡时期相关的开车和停车过程。

9.2　生命周期概述

正如前面提到的，由于在移交期间缺乏适当的项目管理(第 4 章)，在项目生命周期中的过渡时期会发生重大事件。本章讨论的两个过渡时间是首次开车时间、设备或工艺第一次开车时和最后一次执行停车时、设备或工艺何时开车被封存或永久移除。正如之前所指出的，执行良好的危害审查，如 HAZOP，有助于降低涉及错误设计和直接机械故障的事故百分比[2,p.4]。与项目相关的过渡时间，首次开车和最终停车在图 9.1 中的项目生命周期图示(图 4.2)中进行了描述。因此，首次开车阶段，如图 9.1 中的“开车”项目阶段⑥，是第一次引入化学品和能源的阶段。与“报废”项目相关的停车活动在项目阶段⑩和阶段⑪中描述。这些项目生命周期中与项目相关的过渡时间——首次开车和最终停车——将在接下来的设备和过程生命周期的背景下进行讨论。

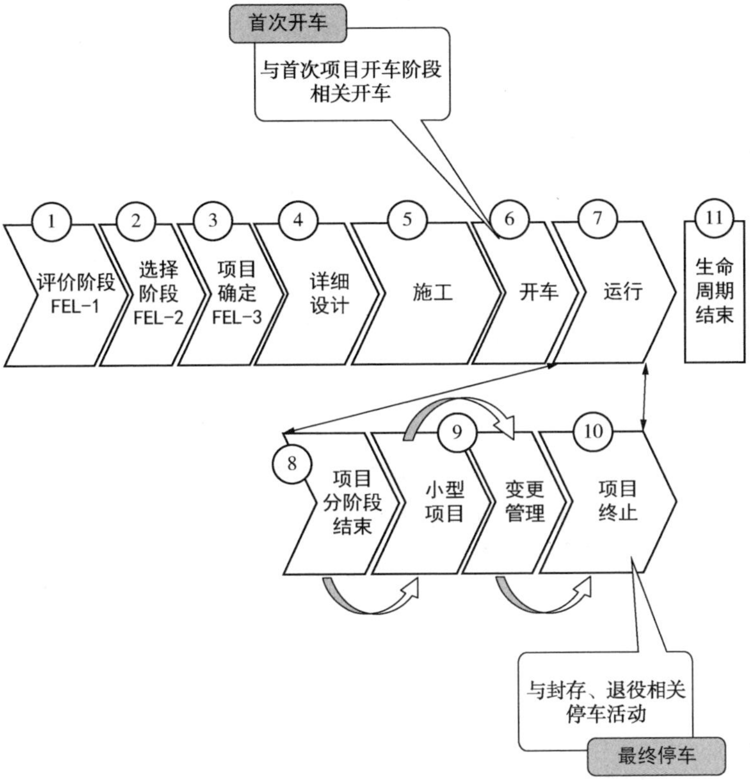

图 9.1　项目生命周期中的首次开车与最终停车[31,图2.2]

一个设备和工艺的生命周期可以用图 9.2 所示的八个不同阶段来表示：①设计；②制造；③安装；④调试；⑤运行；⑥维护；⑦变更和⑧退役(有时，制造和安装阶段被结合起来，称为施工阶段，定义见表 9.1)。

设备的首次开车(较小的项目)情况和首次开车的工艺单元或设施(较大的项目)情况可以在调试(过程生命周期阶段 4)和操作(阶段 5)过程获取。如果设备或工艺单元的变化(第 7 阶段)是由于其使用寿命的最终结束(“最终”停车)，则它们将被拆除和退役(第 8 阶段)。但是，当不确定设备或工艺单元将处于闲置、未使用和闲置多长时间时，变更反映在封存阶段，设备或工艺单元要么重新调试并再次运行(第 5 阶段)，或最终拆除并在以后拆除(第 8 阶段)。

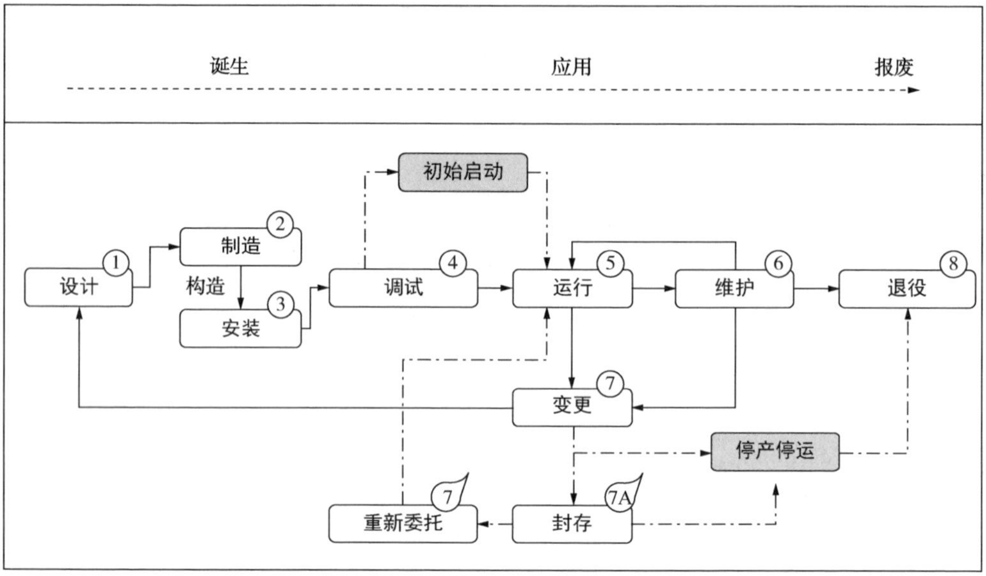

图 9.2　项目生命周期阶段在设备或工艺生命周期背景下的示例
(改编自文献[21]图 5.1 和文献[85]图 6)

表 9.1　工程或设备生命周期阶段相关定义

<table>
<tr><th colspan="3">生命周期阶段</th><th>过程或设备生命周期阶段的定义</th></tr>
<tr><td>1</td><td colspan="2">设计</td><td>建立工程设计理念、工艺设计参数、设备设计规范，形成工艺知识和工艺设计依据</td></tr>
<tr><td>2</td><td>制造</td><td rowspan="2">施工</td><td>当设备按照制造设计规范制造时
(注：制造可能发生在工艺单元中的设备位置)</td></tr>
<tr><td>3</td><td>安装</td><td>当组装的设备按照安装规范安装在工艺单元中的指定位置时</td></tr>
<tr><td rowspan="2">4</td><td colspan="2">试车</td><td>调试步骤包括：
(1) 验证设备和工艺单元满足其性能规范：
① 测试设备、控制系统、保护层和公用工程；
② 培训所有操作和维护人员的任务和程序。
(2) 安全地将化学品引入设备和工艺单元</td></tr>
<tr><td colspan="2">首次开车</td><td>在制造和安装新的、未使用的或修改过的设备后，首次将工艺化学品引入设备和工艺单元时的瞬态操作时间</td></tr>
</table>

续表

生命周期阶段		过程或设备生命周期阶段的定义
5	运行	当设备和工艺单元安全运行时
6	维护	使用既定的、预定的检查、测试和预防性维护(ITPM)计划安全维护设备时
7	变更	当对设备设计、过程设计、工程控制或行政(程序)控制的拟议变更进行审查、批准并准备调试时
8	退役	当设备或工艺单元的使用寿命结束并且已决定将设备或工艺单元从正常操作中移除时(其寿命终止阶段)
	停产停运	**当工艺化学品从设备和工艺单元中移除并且设备已为它们的报废项目阶段做好准备时的瞬态操作时间**
	封存	退役阶段：当设备或工艺单元可能在以后会被重新使用时
	拆除	退役阶段：当设备或工艺单元被拆除并且设备的单个组件或工艺单元中的单个设备可以重新使用时
	拆毁	退役阶段：当设备或工艺单元基本上被拆除并用于废料和/或材料回收时

如果公司已决定在设备或流程停用时将设备部分拆除或就地拆除，那么在尝试重新使用设备之前，必须对设备状况进行评估和妥善处理。如图 9.2 所示，这些停用“步骤”将被纳入阶段 7A，并在阶段 7B 中进行适当的运行就绪审查(ORR)，然后再重新使用。在第 5 阶段重新启用设备并开始运行之前，在第 7B 阶段执行适当的运行就绪审查(ORR)。如果设备没有恢复到原来的设计状况，或没有重新设计以满足新的服务要求，就可能导致事故发生。

本章将简要介绍一些应制定、审查、授权并安全执行的管理控制措施，以帮助管理与首次开车相关的任何额外风险(第 9.3 节)。第 9.4 节将简要讨论与封存或停用设备或工艺相关的停车变化。必须制定有效的变更管理计划，以了解与这些过渡时间相关的任何特殊危害并有效管理与之相关的风险。

9.2.1 计划新设备或“绿地”项目

为新设备和未开发地区开发项目(“绿地”)进行规划，遵循第 4 章中讨论的小型项目和第 5 章中讨论的大型项目类似的严格项目管理方法。然而，在开车之前可能需要解决一些限制因素以有效管理项目的危害和风险，包括新的、未使用的设备、以前可能用于不同服务的重复使用的设备以及“绿地”项目。其中包括应采取的行政管理措施，以确保首次安全引入化学品。特别是，在图 9.1 中描述的项目开车阶段设计和实施的与首次开车相关的规划约束、活动和控制将在第

9.3 节中讨论。纪律严明的项目管理方法，包括稳健有效的移交控制，适用于新设备的小型项目和与“绿地”相关的大型资本项目，这些项目可能持续时间相对较短(较小的项目)或可能发生数周或数月(较大的项目)。

9.2.2 为报废项目做计划

一旦决定将设备或工艺单元/设施从正常运营中移除，就开始规划报废项目。“最终”停车步骤将取决于现有设备是否会被暂时封存或永久完全退役[31,p.247]。当设备或工艺单元可能在以后重新调试时，就会发生封存。在项目报废开车阶段⑩和阶段⑪的最终退役活动中设计和实施的与封存相关的规划活动和控制将在第9.5 节中介绍。

退役包括拆解和拆除，前者是指设备或工艺单元被拆分，设备的单个部件或工艺单元中的单个设备可能会被重新使用，后者是指设备或工艺单元被拆除，用于废料和材料回收。当一个项目需要将设备退役并运输到另一个地点重新投入使用时，所面临的挑战正是本章所提到的问题以及与运输有关的问题的综合。

如前所述，如果一家公司在其设备或流程被封存后决定将设备部分拆除或就地拆除，则必须评估设备的状况，然后在尝试重新使用之前正确处理设备。如图 9.2 所示，这些停用“步骤”将被纳入阶段⑦A，并在阶段⑦B中进行适当的运行就绪审查(ORR)，然后再重新投入运行。在第 5 阶段重新调试设备并开始运行之前，在第⑦B阶段执行适当的运行就绪审查(ORR)。如果设备不适合预期服务，就可能发生事故。

由于所处理的危险物料不同，应制定退役项目规划，包括危险识别和风险管理，以减少可能造成伤害和环境破坏的潜在事故。这包括建立一个项目管理团队，包括在退役方面经验丰富的顾问和承包商，以管理项目的各个阶段。设备或设施的退役和报废可能会促使人们更加关注成本节约以及随后与项目相关的捷径。这些捷径不可避免地会提高风险状况，应谨慎注意避免这种心态。

如前所述，工程、运营、维护和专业退役承包商之间的交接应明确规定并安全执行。表 9.2 中指出了在阶段⑨.1的报废项目开车阶段(图 9.1)和报废退役阶段⑪之间可使用的阶段审查团队期间的一些移交主题。

表 9.2　生命周期结束项目开车阶段到生命周期结束阶段之间的切换主题

阶段⑪	从项目生命周期末期到结束的把关人审核 移交主题
11.01	确认项目退役计划充分
11.02	确认运营小组在必要时参与退役活动的准备工作

续表

阶段⑪	从项目生命周期末期到结束的把关人审核
	移交主题
11.03	确认危害识别和风险分析(HIRA)研究已完成，建议已得到满意的解决
11.04	确认已进行了适当的特殊审查，其结果得到了令人满意的解决，包括工程控制和检查是否已到位
11.05	确认包括过程安全计划在内的过程安全管理体系已得到有效实施
11.06	确认已制定应急响应计划，并解决与停运相关的相关过程安全风险
11.07	确认过程安全方面已得到充分考虑，可以退役
11.08	确认退役员工培训能力和绩效保证安排充分且已实施
11.09	确认退役项目团队有一个健全的流程来管理与承包商的界面和交接
11.10	确认资产完整性管理流程(包括质量管理)足以维持未参与本项目的设备结构和设备完整性

注：本表改编自文献[31]附录G。

9.2.3 承包商的考虑

由于公司可能不熟悉如何管理新的新建项目，尤其是不太频繁出现的报废项目，因此选择和监督承包商对于确保使用合格且称职的承包商至关重要。第4.3节简要讨论了项目期间的有效承包商管理。无论是初始启动项目还是报废退役项目，都需要承包商具备特殊技能。正常运营中使用的典型承包商人员由于不熟悉过程安全危险和风险，可能不适合在初始启动或退役项目中执行特殊任务。如果需要，专业承包商将提供安全管理首次开车活动和生命周期结束停车活动所需的技能。

9.3 试车和首次开车时的考虑事项

首次开车时间是在制造和安装新的未使用设备之后将工艺化学品引入设备和工艺单元的时间[31,"开车"xxxi]。由于在首次开车活动中发生了重大事件，应考虑下列问题(改编自文献[31]，第214页)：

- 与运营团队建立全面的交接沟通，包括确保在开车前已制定、审查和授权详细的操作程序。
- 在适当的情况下，在开车期间包括技术许可方、供应商或供应商的代表，以帮助支持开车活动。

- 确保参与开车的每个人之间的定期沟通。
- 在设备或工艺单元区域周围建立一个路障禁区，以防止非必要人员无意间进入该区域。
- 开车前现场验证阀门对准、能量隔离、原料、公用工程等。
- 通过开车操作程序，在开车具有潜在更大后果的步骤之前，包括程序中的“暂停点”，缓慢、逐步地进行。
- 提供额外的运营团队成员巡逻新设备所在区域，以检测并帮助应对异常开车情况。
- 当检测到异常开车情况时，提供快速应急响应协议以停止开车项目，包括与未参与开车的相邻区域(例如，在交叉作业期间)的人员进行通信并建立对开车项目的控制紧急情况。

在第9.4节中讨论的是与首次开车相关的过渡期间发生的事件，至少在一定程度上是由于缺乏对这些项目的考虑。一些公司可能会在开车前进行正式的“施工危害(HAZCON)”审查，以帮助确保开车过程无事故。在设备准备开车时检查设备，称为测试和调试(T&C)，危害分析(HAZAN)和危险和可操作性分析(HAZOP)，在另一篇参考文献中有详细介绍[86,p.7]。

9.3.1 计划试车和首次开车

虽然一开始可能无法对项目进行充分或详细的规划(尤其是大型项目)，但为确保新设备、工艺单元和设施的安全、高效试运行和启动，必须进行认真、详细的规划。该规划从详细设计阶段开始，并在整个施工阶段进行完善。此外，应进行工艺危害和风险分析，以帮助确保调试和开车活动可以安全完成。这些研究考虑了危险物料的安全引入和对周围工艺单元的潜在影响，尤其是在交叉作业期间，以及当调试和开车活动在运行设备和工艺附近进行时。

这些项目的指导应由调试经理协调，该经理负责监督调试和首次开车计划的制定和详细说明，以及执行计划所需的预算估算。新建项目的典型计划应包括但不限于以下内容(改编自文献[31]，表9.1)：

- 项目的范围——正在投入使用的设备、工艺装置或设施。
- 调试和首次开车团队——人员数量、所需能力、角色和职责等。
- 调试和首次开车团队的培训要求(如操作工、机械师、电工、工程师和其他技术人员，包括涵盖技术、操作和维护指导的课堂培训以及新设备和工艺的供应商指导等)。
- 第三方支持合同(如：技术供应商、工程设计等)。
- 日常调试和首次开车资源需求(如测试和验证设备、无线电、个人防护用品、水和食品等)。

• 一份详细的、独立的任务级别计划和系统的优先顺序，这些系统将被检查、准备、引入化学品和操作。(注：这些任务要么①验证设备或系统按预期运行或已准备好运行，或②涉及操作设备、系统或系统的部分。此外，应建立调度“暂停点”，因为某些任务应在其他任务开始之前完成，如在工艺单元之前调试火炬系统)。

• 具体的调试步骤以及设备和过程开车步骤的审查和批准程序，包括安全操作限制、偏差的后果等(注：这些过程充其量只是完整的草案，通常需要根据调试和开车执行期间检测到和解决的情况进行更新。任何变更都应通过变更管理体系进行评审和批准)。

• 并且，一旦实现了连续或批处理过程的正常操作(参见表 2.1 中的定义)，执行测试运行以验证性能目标(如吞吐量和产品质量)已经实现。

在准备过程单元的首次开车时，附加的指导包括使用检查表检查以下[87]：人员安全、容器、热交换器、塔、反应器、管道、机械、电气和仪表。旋转设备检查包括旋转方向、轴承温度和电机“磨合”期间的振动，然后再将它们连接到各自的驱动器。如果使用了水力测试或潮湿的空气，它们可能会保留剩余的水，需要通过干燥系统来清除，特别是当系统在正常运行期间需要干燥时。在调试熔炉时，需要对耐火材料进行缓慢加热，以排出残留的水，帮助延长加热器的寿命。在点燃引导燃烧器和提高燃烧器温度之前，燃气管道应采用特殊的蒸汽加热和干燥规程。催化剂负载的一般指导包括低密度和高密度催化剂系统。密封性测试用于确认处理危险物料的工艺单元不会泄漏。真空系统也必须进行泄漏测试。指南的最后一部分重点关注氮气惰化系统，描述了不同的方法，例如用蒸汽喷射器抽真空或用蒸汽排出系统，引入氮气加压和减压或用氮气吹扫。

如果适用，应在调试和首次开车工作的步骤中解决交叉作业(SIMOPS)。注意，一旦设备和工艺投入使用，安全、高效的操作和维护计划应涉及设施的环境、职业健康和安全(EHS)，以及过程安全管理体系。这些管理体系应包括基于 RBPS 要素的政策和程序，如[14]：

• 过程知识和技术，包括新的或更新的设备文件，管道和仪表图(P&ID)，工艺流程图(PFD)等。

• 操作程序，包括正常开车和停车。

• 与维修有关的、特定的、非日常活动的安全工作实践。

• 资产完整性与可靠性计划，如新设备的检查、测试和预防性维护(ITPM)计划(包括采购和仓储支持人员)。

- 承包商管理程序，以确保合格的承包商安全、胜任地执行其活动。
- 培训计划，以确保绩效目标的实现(包括安全操作和维护设备)。
- 变更管理程序，以确保与原材料、设备、工艺和人员变更相关的危害和风险在实施前得到评审和批准。
- 确保安全应急响应并帮助减少损失事件后果的应急管理系统，包括内部应急响应团队和程序，以及可酌情包括外部资源的应急响应计划(ERP)。
- 事件调查程序，发现异常情况或对损失事件作出反应，以识别和了解差距，然后提出并实施持续改进建议。
- 监测与指标，例如为操作过程确定的关键绩效指标(KPI)。

请注意，这些风险管理系统的大部分内容，如 EHS 和过程安全程序，应该已经存在于“棕地”现场。

如果项目涉及重大的扩建或使用现有技术的新设施，应包括来自其他地方的经验丰富的运营商，以帮助支持或牵头调试和初步开车活动。有时，当地招聘的人员可能很少或没有操作、维护或过程安全经验(特别是在未开发的、工业很少的农村地区的新项目)。因此，将这些新员工尽可能地安排在调试和开车活动中是很重要的。首次开车的经验将补充他们的课堂培训，课堂培训侧重于具体设备的一般说明、操作或维护程序以及实地考察，因为他们将能够在过渡期间观察和向更有经验的人员学习。参考其他资源，了解在增加行政管理期间培训和能力保证的详细信息[14][21][40][88][89]。

9.3.2 管理设备或工艺单元变更

较小的项目，如第 4 章中描述的 MOC 或维护相关项目，需要采用与大型项目在调试和首次开车阶段相同的严格的项目管理方法。尽管与调试团队相关的成员和团队可能较少，但应该建立健全和明确的移交，以确保安全开车。在这一点上，值得注意的是，没有一个与开车相关的预先计划可以预测在开车过程中实际发生的所有情况。本书附录中提供了一些有效管理这些意外情况的一般指导。

9.3.3 管理新设备或工艺单元

较大的资本项目将包括从新的主要的加工设备，如蒸馏塔，到一个过程单元或设施。如第 5 章所述，这些项目在调试和首次开车阶段需要有严格和严格的项目管理方法。由于与调试和首次开车工作相关的团队成员和团队的数量较大，为了安全开车，应该建立健全和明确的移交。在这种情况下，应使用一个由调试项目经理组成的特别调试团队，帮助管理与许多检查、测试以及与设备和工艺单元相关的验证步骤相关的风险(参见第 9.3.1 节)。

9.4 试车和首次开车事故和经验教训

本节包括一些与调试相关的事故。事故摘要详见本书附录。

9.4.1 更换的设备或工艺单元在试车和首次开车期间发生的事故

C9.4.1-1-在首次开车期间对管道和容器进行气动压力测试[90]

*事故发生时间：*三起事故，其中一起发生在2007年。

*首次开车期间发生事故的原因：*用于对新设备进行压力测试的压缩空气或氮气故障引起的。

*事故影响：*压力测试期间，管道、法兰和设备发生爆炸，造成灾难性故障，造成人员死亡。

风险管理系统的缺陷：

LL1）使用高能压缩气体进行气动压力测试会导致灾难性的设备故障。如果可行，建议进行静水压测试：水是不可压缩的流体，比压缩气体包含的能量少。如果进行气动压力测试，安全工作许可和彻底的安全审查将有助于确保在测试设备时人员不会处于危险之中。

RBPS相关要素：

- 危害辨识与风险分析；
- 安全工作实践。

C9.4.1-2-在新管道上安装过滤器以阻止建筑垃圾进入[2,p.50]

*事故发生时间：*2015年之前。

*首次开车时发生事故的原因：*在可燃气体压缩机前安装过滤器时，为防止污物进入压缩机，将空气引入管路。

*事故影响：*空气与管道系统中的易燃气体发生反应，在下游产生分解产物，并导致重大火灾，导致机组开车严重延误。

风险管理系统的缺陷：

LL1）尽管在开车前已经对许多细节进行了审查，但按照预先计划的开车时间表，在恢复作业的预期时间内创造性的解决方案带来了一个未解决的危险。这些变化在事前没有得到充分的审查。

RBPS相关要素：

- 危害辨识与风险分析；
- 变更管理。

9.4.2 在新工艺装置或设施的试车和首次开车期间发生的事故

C9.4.2-1-ConAgra和Kleen能源公司天然气爆炸事故[91][92]87]

*事故发生时间：*2009 年和 2010 年。

*开车过程中发生事故的原因：*由于计划的调试活动，当工作人员和火源在密闭区域时，导致可燃天然气大量释放。

*事故影响：*ConAgra 公司的天然气爆炸造成 4 人死亡，67 人受伤。Kleen 能源公司的天然气爆炸造成 6 人死亡，近 50 多人受伤，并严重破坏了正在建设的设施。

风险管理系统的缺陷(LL-改进的经验教训)：

LL1）当时的标准行业惯例是使用高压、高容量的天然气通过管道，迫使管道中的碎屑排出，这是项目调试阶段的一部分。天然气和碎片随后直接释放到大气中。从那时起，由于潜在的死亡、伤害和财产损失，这种做法一直被高度禁止。如果用可燃气体吹扫，则应进行彻底的作业安全检查。

相关的 RBPS 要素：

- 危害辨识与风险分析；
- 安全工作实践。

C9. 4. 2-2-在初始设施开车期间批处理计算机编程问题[93]

*事故发生时间：*2006 年以前。

*最初开车时发生事故的原因：*高度自动化设施的设计和建造过程中分别出现了计算机编程和布线问题。

*事故影响：*尽管事故损失了一些钱并且导致生产延迟，但没有造成严重的过程安全后果。

风险管理系统的缺陷：

LL1）在试运行前的活动中，没有对批量操作的编程步骤进行充分测试，因此在工程设计中指定计算机编码要求时，以及在现场安装硬接线时，遗漏了具体的交叉验证步骤或操作员固有的“常识”。

RBPS 相关要素：

- 过程安全能力；
- 过程知识管理；
- 开车准备。

C9. 4. 2-3-新炼油厂投产时腐蚀性较小泄漏问题[94]

*事故发生时间：*2012 年。

*首次开车期间发生事故的原因：*在新炼油厂开车期间发现：泄漏的时间比预期的修复时间还要长，未稀释的碱液继续添加到循环的原油中，该循环已加入部分停车系统(“暖循环”)。系统中未稀释的碱液在完全重新开车时随着温度的升

高而蒸发，腐蚀了数千英尺(1 英尺=0.3048m)的不锈钢管，污染了近 50 个热交换器，并损坏了仪器、蒸馏塔和加热炉内的组件。

*事故影响：*炼油厂在正常的高温高压下运行后不久，新管道上发生了一系列可被迅速扑灭的火灾，原油流恢复后导致加热器破裂。加速腐蚀造成了管道和设备的严重损坏，并导致炼油厂开车的严重延迟和成本增加。

风险管理系统的缺陷：

LL1) *注：*目前还没有正式的事故调查报告。

该事故可能是以下问题所导致：1)修复泄漏的意外延迟(这没有被认为是计划开车中的变化)；2)在热循环过程中，继续向机组中仍存在的少量原油中添加碱(可能是由于苛性系统上的一个失效阀门或没有停车苛性添加系统造成的)。

RBPS 要素：

- 过程知识管理；
- 危害辨识与风险分析；
- 变更管理；
- 开车准备。

9.5 寿命结束时的停车注意事项

生命周期结束项目的停车是指正常操作的结束状态(设备或工艺单元已使用正常停车程序停车)与设备临时结束状态(即封存)或最终结束状态(即退役)之间的过渡时间。这些设备结束状态的选择如图 9.2 所示。接下来的三个部分简要地强调了一些特定的寿命结束退役规划考虑事项。

9.5.1 工程调研

在设计和执行退役活动之前，由合格的签约测量师进行的工程调研，用于识别潜在危险并彻底评估结构和建筑物的状况。这些结构调查将用来识别可能在退役活动期间造成额外的与结构相关的危害。因此，该调查将有助于评估意外结构倒塌的潜在风险以及退役活动(例如拆解和拆除)对周围设备或结构的影响。该调查应包括结构损坏(可能影响结构的完整性)、方法和保护措施的文件，以防止对执行任务的人员造成伤害，以及产生对其他资产的风险。测量师面临的挑战可能包括定位原始建筑和结构图，通常是由于文件控制和变更系统管理不充分或不存在。其他详细信息，包括工程勘察报告的典型内容，在其他地方提供[31,p.252,表11.1]。

9.5.2 规划退役项目

在规划退役项目时，应考虑的主要问题包括清点工厂内的危险物料，以及在拆解和拆除期间管理结构完整性。由于在设备和工艺单元相关的停车的退役期间会发生事故，对于可能影响过程安全的潜在未知因素，应考虑以下问题[31,p.250]

- 施工期间中引入的设施设计变更可能已经被批准，也可能没有被批准(即项目变更管理体系的弱项)；
- 更改原始设计且可能已获批准或未获批准的后续修改(即变更系统的设施管理缺陷)；
- 清除和处理所有工艺流体、催化剂和其他材料；
- 过程容器、管道、保温材料和结构构件内需要特殊处理的残留有害物质，如工艺化学品、石棉、铅、重金属等；
- 建筑材料因老化而未知的强度或弱点；
- 使用的退役方法所必需的任务所产生的危害(例如对邻近的工艺单元、第三方设施和周围设施或社区的危害)。

此外，这些退役任务可能包括但不限于[31,p.250]：

- 危险品的处理、储存和处置；
- 处理和储存炸药；
- 拆除重型设备和建筑物；
- 部分及/或受损构筑物的完整性；
- 在高处工作；
- 在水附近或水上工作的；
- 架空/地下/海底管道和公用工程的存在和/或拆除；
- 与拆解活动有关的临时设施(如拖车)的位置。

如果报废项目是用于拆除或拆解，则可能涉及但不限于[31,p.24]：

- 邻近的设施和建筑物可能需要拆除，并禁止倾倒/爆炸；
- 拆解部分设备以供日后重复使用；
- 营运设施部分退役；
- 旧设施中存在石棉和多氯联苯、与邻近设施同时作业、可能影响邻近作业的振动、地下电缆和管道，以及下水道，包括未知位置和连接其他邻近设施环境整治。

这些问题需要仔细规划，以便安全高效地进行退役作业，人员应该充分了解风险以及为了减轻危害降低活动风险，而选择适当的安全措施。一些公司可能会在退役前进行正式的“退役危害(HAZDEM)”审查，以确保退役活动没有事故发生。与拆解和拆除活动相比，重要的是要认识到拆解活动期间人员或其他设备可能面临着更大的危害。在退役团队项目经理的指导下，适当的计划和强有力的监督是避免受伤和避免发生事故的关键。

请注意，如果在项目的策划决策和工程设计阶段考虑到这些风险管理和其他过程安全问题，将有助于大大降低退役期间的风险。因此，在规划和开发项目时，特别是在进行重大设备或工艺单元变更的项目中(包括新项目)，设备、工艺单元和设施设计很重要，这包括它们最终退役的准备以及解决设备、工艺单元和设施最终退役的初始选址和布局问题[67]。

9.6 封存的考虑

当设备或工艺单元停止使用并有可能在未来使用时，特殊的退役程序可能包括减压、去库存和清洗，以及附加的设备特定的保存措施。封存项目可能包括不确定设备将停用、不使用和闲置多长时间的废弃设备。可能需要进行持续的测试或预防性检查任务，以保持设备的完整性，以便在设备恢复使用后能够安全操作。

根据与工艺材料或设备施工材料相关的危险类型，这些措施可能包括酸洗或干燥氮气吹扫，来保持适当的内部环境，以有助于防止腐蚀。例如，硫化铁是一种暴露在氧气中会燃烧的自燃化合物，它是在未去除的硫化氢与铁锈反应时形成的，而铁锈可能已经在封存设备内部形成。此外，请注意，如果使用惰性气体环境，应在封存设备上贴上标签，警告人员设备内存在不安全的气体。

如果将封存的设备项目储存在某个区域以备以后使用，那么将面临类似的资产完整性管理挑战，包括为废旧设备仓库中的设备保留特定的设备设计和检查文件。如果封存设备或工艺单元稍后开车，应准备特殊的重新调试程序，以逆转在准备封存设备时使用的任何预防性程序。

在重新开车之前完成并验证所有 ITPM 任务是很重要的。此外，这些检查、测试和预防性维护任务应该重新进入设施的 ITPM 程序计划，以确保持续的资产完整性。在重新开车之前，该设施或设备还应接受操作就绪审查[14]。在某一时刻，封存和废旧设备将最终进入永久退役阶段(见 9.8 节)。

9.7 封存事件和教训

本节包括一些与封存有关的事件。事件摘要详见本书附录。

9.7.1 重新调试封存设备时发生的事故

C9.7.1-1-开车封存容器[20,p.455]

*开车过程中发生事故的原因：*未清除的残留物与新鲜成分发生反应。

*事故影响：*反应引起温度升高，气体释放到工作区域。

风险管理系统的缺陷：

LL1）事故调查的建议包括：如果设备处于“封存状态”（比正常情况下停用更长时间），则应彻底清空设备，在重新使用设备之前测试设备中的任何残留物料，并使用防护屏障（在这种情况下是用水或其他溶剂）防止任何残留物料的变质。

RBPS 相关要素：

- 过程知识管理；
- 危害辨识与风险分析；
- 操作程序；
- 开车准备。

9.7.2 在封存设备上执行退役工作时发生的事故

在本书出版时（译注：原版出版时间为 2021 年），还没有发现在此瞬态操作模式下发生的事故。

9.8 退役的考虑

退役考虑将取决于项目的范围和设施的具体因素。如第 9.2 节所述，强有力的移交，特别是涉及承包商的移交，对于防止事故发生至关重要（也可参考表 9.2）。这包括拆解活动，拆解活动通常由外部拆解承办商进行。这些专业承包商应具备操作所需拆除设备的资格，最重要的是，他们应接受有关退役设备相关化学品危害的培训，并掌握相关知识。

此外，这些承包商应明白，所有未预料到的情况都应通知设施人员，在进行任何额外工作之前，对已接受和审查的拆除范围的任何更改都应经过公司的再次审查和批准。退役事故发生时，范围发生了变化，工作没有进行充分的审查。关于退役检查表的详细示例见附录[31,p.515,附录E]。

9.9 退役事故和教训

本节介绍一些与退役有关的事件。事件摘要详见本书附录。

9.9.1 设备退役期间发生的事故

C9.9.1-1-冗余管道拆除[20, p. 367-368]

*事故发生时间：*不详。

*退役期间发生事故的原因：*在拆除多余的、未使用的管道时，管道接头断裂。

*事故影响：*释放出7bar(100psig)的压缩空气。操作工在法兰破裂后逃过一劫。

风险管理系统的缺陷：

LL1）事故描述指出了以下几点：工作许可系统无效，没有涉及安全工作规范，例如：对要拆除的管道要进行标注，以及防止打开错误法兰而加的物理锁。

RBPS相关要素：

CCPS RBPS中的所有20个要素。

9.9.2 工艺装置或设施退役期间发生的事故

C9.9.2-1-博帕尔事件[21][95][96][97]

*事故发生时间：*1984(*注：*由于多家国际公司对博帕尔事件的反应，CCPS于1985年成立；CCPS的《生物与环境卫生标准》于2007年发布。)

*退役期间发生事故的原因：*缺乏对当前“过程安全”的理解，包括安全领导力和文化、操作纪律和过程安全系统。

*事故影响：*40公吨有毒化学物质的泄漏造成了3600多人死亡(实际数字各不相同，据称有16000多人死亡)，10多万人受伤，对设施周围的牲畜和农作物造成了重大损害，最终导致母公司解体并被淘汰。

风险管理系统的缺陷：

LL1）不了解过程安全的三大基础：过程安全领导力和文化、操作纪律和过程安全系统。

RBPS相关要素：

CCPS RBPS中的所有20个要素。

9.10 基于风险的过程安全(RBPS)要素的应用

所有基于风险的过程安全(RBPS)要素适用于首次开车和退役。这些工作的初始和最终生命周期步骤在设备或过程的生命周期中仅发生一次。这是这些生命周期步骤项目与前面章节中描述的其他开车或停车步骤项目之间的主要区别，那些步骤在使用生命周期中多次发生。

10 基于风险的过程安全(RBPS)注意事项

10.1 引言

本章简要概述了 CCPS 基于风险的过程安全(RBPS)模型中的四个支柱及其相应要素(第 10.2 节)，如图 10.1(改编自参考文献[98])中的 RBPS 模型所示，并提供了 RBPS 要素如何应用于每种瞬态操作模式的摘要(第 10.3 节)。

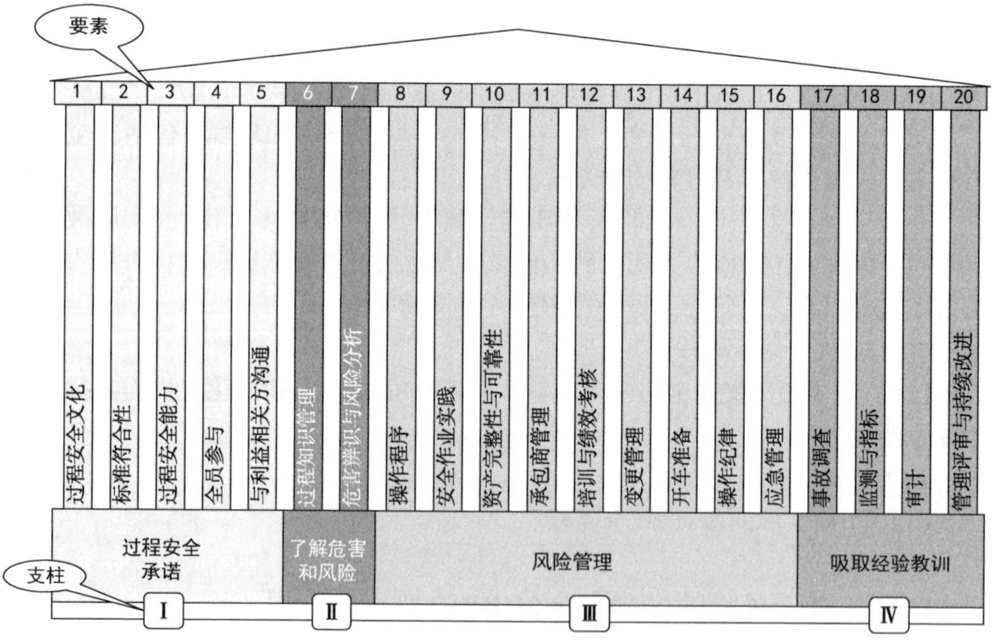

图 10.1 CCPS 基于风险的过程安全(RBPS)模型

RBPS 模型展示了整体的过程安全和风险管理计划，与若干要素紧密耦合。举个例子，如果一个公司对设计规范没有透彻的技术理解，就无法制定有效的资产完整性计划。例如，用于制造设备的建造材料将影响设备在服役期如何退化。

在瞬态操作模式中，某些支柱和要素作为导致事故的因素比其他支柱和要素更为普遍。这些较弱的要素在事件发生时并不存在或没有得到有效实施。本章提供了一些关于这些支柱中较弱要素对过程安全绩效的不利影响的一些见解，如下所示：

- 未做好过程安全承诺的影响(第 10.3.1 节)；
- 未理解好危害与风险的影响(第 10.3.2 节)；
- 未实施好风险管理的影响(第 10.3.3 节)；
- 对资产完整性与可靠性要素的其他思考(第 10.3.4 节)；
- 未做好经验学习的影响(第 10.3.5 节)。

强大的安全文化和坚定的操作纪律对于有效管理过程安全计划至关重要，它们对整体业务风险的影响，尤其是在瞬态操作模式下，将在第 10.4 节中单独介绍。本章最后对如何改进过程安全绩效(第 10.5 节)提出了一些见解。与他人学习和分享是提高过程安全绩效的最佳方式。

10.2 RBPS 概述

10.2.1 支柱 I：过程安全承诺

“过程安全承诺”是卓越过程安全的基石。积极参与的员工队伍和完全支持将过程安全作为核心价值的公司将倾向于在正确的时间以正确的方式做正确的事情——即使没有其他人在关注。该支柱的五个要素是：

*要素 1——过程安全文化：*承诺，积极的过程安全文化营造了一个各级员工都能有效管理过程安全的环境。这种文化始于公司的最高层，影响整个公司的决策，并为公司中的每个人所共享。

*要素 2——标准符合性：*具有承诺的公司遵守政府、标准团队、企业所发布的法规、指令、标准和规范。先进的公司使用最新的技术和方法，这些技术和方法往往超出了最低合规性要求。

*要素 3——过程安全能力：*一个公司的能力包含三个方面的过程安全知识和信息：1)持续学习和改进；2)在团体内部和团体之间有效地传递信息；3)应用信息。每个人都具有特定技能或具有该技能的资源访问权限，因此都可以有效地管理过程危害和风险。

*要素 4——全员参与：*当公司的一线员工——包括监督、操作人员、机械工程师、电气工程师以及日常使用设备和危险物料或能源的承包商——当其参与开发和维持 RBPS 部分要素时，能够且将会为安全运营的成功作出贡献。

要素 5——与利益相关方沟通： 公司受益于与公众、应急响应者、专业团体和监管机构分享有关工厂的过程危害、安全管理风险的方法以及在发生泄漏事件时如何安全地响应。

10.2.2 支柱Ⅱ：了解危害和风险

“了解危害和风险”是基于风险的方法的技术基础，它确立了至关重要的如何管理风险(支柱Ⅲ)和监控风险(支柱Ⅳ)的技术框架。每个人都应该了解过程危害是什么以及如何评估风险。该支柱内的两个要素是：

要素 6——过程知识管理： 该要素侧重于记录的信息，包括经过验证的、准确的、最新的技术文件、设计图纸和计算，以及用于制造和安装工艺设备的规范。每个从事危险物料和能量工作的人都可以访问这些信息。

要素 7——危害辨识与风险分析(HIRA)： 该要素中使用的技术信息有助于识别过程危害及其潜在后果。每家公司都有一个风险可容忍水平，用来帮助每家工厂使用定性或定量方法评估其风险。风险分析用于建立工程和管理所需的控制，用以帮助安全的管理风险。

10.2.3 支柱Ⅲ：风险管理

“风险管理”包含安全运营所需的要素，使用和运用支柱Ⅱ的技术知识和风险分析。一旦了解了过程危害和风险，就应该在过程操作时实施和维持其工程和管理的控制。与该支柱相关的九个要素是：

要素 8——操作程序： 这些程序是制造操作的文件(书面)说明，描述如何安全地进行操作，解释偏差的后果，描述关键安全措施，以及特殊情况的处理，例如瞬态操作模式和紧急情况。

要素 9——安全作业实践(SWP)： 这些是适用于整体设施的作业实践，无论活动是否在危险过程中进行。它们弥补了操作程序(要素 8)和维护程序(要素 10)之间的差距，包括作业许可、线路中断、密闭空间进入、高温作业许可、电气隔离、坠落保护和与施工相关的活动，例如挖掘或吊装。

要素 10——资产完整性与可靠性： 这些活动侧重于维护活动，例如检验、测试和预防性维护(ITPM)计划，以确保设备仍然适合其预期用途。该要素包括记录在案的特定维护程序，以确保操作组和维护组之间的设备移交可以清楚地识别与设备相关的状态和潜在危害。

要素 11——承包商管理： 承包商管理体系有助于确保签约的服务支持运营以及人员安全绩效目标。该体系还涉及签约服务的选择、获取、使用和监控。

要素 12——培训与绩效考核： 培训包括课堂学习，以及设备操作和维护作业及任务需求的现场指导，包括与过程安全相关的任务，主管、工程师、组长和

过程安全专业人员的职责。绩效考核步骤证实基于知识的培训可以被良好实施。

*要素 13——变更管理(MOC)：*有效的 MOC 体系为提议的变更工艺或设备设计、操作或维护程序以及人员提供结构化的审查和授权协议。MOC 系统确保交接期间各组之间的有效沟通，重点关注过程危害和相关风险的变化，并且通常通过开车前安全审查(PSSR)进行记录。

*要素 14——开车准备：*开车准备审查(ORR)超出了通过变更(MOC)执行的开车前安全检查(PSSR)，事先确保可以安全开车或重新开车。因此，该要素适用于设备或设施的开车以及新设施的首次开车。此外，该要素适用于工艺停车(例如，小项目、维护)、工厂停车(例如，大修)以及设备闲置数月、封存数年或重新用于不同流程后的开车。

*要素 15——操作纪律：*该要素由操作规程驱动，让组织中的每个人都以安全和结构化的方法谨慎地、忠实地执行他们的任务。它与组织的文化密切相关(要素 1)。

*要素 16——应急管理：*应急管理体系包括对可能发生的紧急情况进行规划、提供安全执行计划所需的资源，通知工厂中的每个人如何报告紧急情况，以及与应急救援人员一起练习和汇报计划(例如，桌面和实地演习)。该计划还包括如何通知员工、承包商和邻居(例如警报)以及他们应该做什么(例如何时前往安全位置、何时撤离或何时就地避难)。根据紧急情况的影响，该计划还包括工厂将如何与地方政府和外部利益相关方沟通。

10.2.4 支柱Ⅳ：吸取经验教训

第四个支柱“吸取经验教训”侧重于计划-执行-检查-行动的监控阶段。指标为 RBPS 体系的工作提供直接反馈，前置性指标为任何与过程安全绩效相关的结果提供预警信号。当公司分享从他们的经验中吸取的教训时，其他人可以向他们学习，在他们自己的团队中应用这些教训，并有助于防止事件再次发生。与该支柱相关的四个要素是：

*要素 17——事故调查：*该要素提供了识别、报告、跟踪和调查事故和未遂事件的流程，以帮助识别根本原因。调查体系生成建议措施，确保纠正措施得到实施，并与他人分享经验教训。事件趋势与该支柱中的其他要素一起进行评估。

*要素 18——监测与指标：*该要素可帮助组织识别过程安全绩效的前置性和后置性指标，包括事故率和未遂事件率。这些指标显示 RBPS 要素执行的好坏，帮助组织识别差距、实施建议，并提高其整体过程安全计划的绩效。

*要素 19——审计：*过程安全相关的审计是基于标准、指南和法规要求，对过程安全管理体系绩效的结构化和定期的审核。审计师是独立的，帮助识别绩效

差距，并出具一份正式报告，包含解决差距的建议措施。然后使用审计体系来记录和跟踪建议措施，直至关闭。

*要素 20——管理评审与持续改进：*管理评审通过让组织中各个级别的经理及其员工一起评估和评审其过程安全期望和目标的绩效，来补充审计要素。这些评审比全过程安全管理体系审计(要素 19)更频繁，以帮助管理人员主动了解和解决潜在的过程安全相关问题。

接下来的几节讨论一个或多个这些要素中的弱点如何导致过程安全管理计划的有效性降低，并对其安全管理瞬态操作模式的能力产生不利影响。当决策者没有识别和评估与过程安全相关的风险时，无论它们在组织的哪个级别，都可能发生过程安全事故。

10.3 将 RBPS 应用于每种瞬态操作模式

尽管每个 CCPS RBPS 要素的弱点导致了许多瞬态操作模式事故，但其中一些要素往往比其他要素更频繁地导致事故发生。这些 RBPS 要素直接或间接导致事件发生，因为它们在事件发生时没有得到有效实施、管理或维持。

本次事故评审中，在瞬态操作模式中识别的 RBPS 要素的弱点汇编在本书附录中，并在图 10.2 中进行了总结。每起事故都发生在安全措施没有按照设计或按计划工作时。

如图 10.2 所示，在瞬态操作模式期间，20 个 RBPS 要素中有 8 个的弱点导致了 70%以上的事件。按支柱罗列，8 个要素包括：

- 支柱Ⅰ(11%当时被识别为贡献者)：过程安全能力、过程安全文化；
- 支柱Ⅱ(24%)：危害辨识与风险分析、过程知识管理；
- 支柱Ⅲ(37%)：资产完整性与可靠性、操作程序、变更管理和应急管理。

观察到这一总体趋势：当第一支柱的要素较弱时，第二支柱的要素就会受到牵连，当第二支柱的要素较弱时，第三支柱的要素的有效性就会受到牵连。这三个支柱及其相应最常导致瞬态操作模式期间发生事故的 8 个要素，将在下面几个章节中项目讨论。

10.3.1 未作好过程安全承诺支柱薄弱的影响

“如果一个企业不考虑安全文化和领导力的影响，就不可能谈论过程安全……”

J. A. Klein[21,p.31]

发生瞬态操作模式事故的部分原因是领导层驱动的过程安全文化薄弱，这是

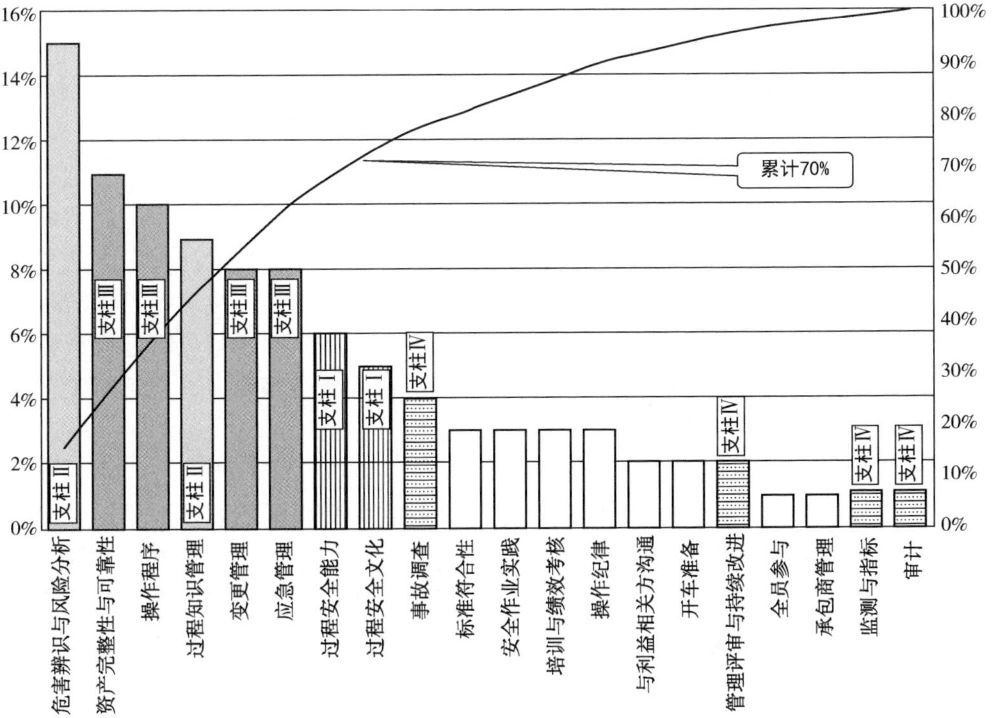

图 10.2 瞬态操作模式期间发生事件中的 CCPS RBPS 弱点总结

注：用于生成图 10.2 的事件详见本书附录。

RBPS 支柱Ⅰ中的第一个 RBPS 要素(图 10.1)。同样在支柱Ⅰ中的过程安全能力要素也在所确定的前 8 项要素之内。强有力的领导支持在整个组织中发展不同的过程安全能力。然后以坚定的操作纪律应用这些能力。

关于过程安全文化和领导力的一些额外思考，要素 1：安全文化是"正常的工作方式……反映了预期的组织价值观、信念和行为……"[21,xxi]。这种文化致力于过程安全，确定安全过程安全绩效的优先级，并提供足够的人员、技术和设备资源来维持安全过程安全绩效。这是预防重大事件和做正确事情的集体需求[99]。在一个拥有坚定、积极的过程安全文化的组织中，各级领导者将培养每个人，识别危害，评估风险，管理过程，并从好的和坏的经验中学习。

强大的过程安全文化和领导力在所有瞬态操作模式以及正常、异常和紧急操作期间灌输安全操作。过程安全文化在 2005 年之后的更短暂的操作模式事故报告中得到了关注，当时它被列为同年炼油厂爆炸的一个重要因素。每一次事故都发生在防护措施没有按照设计或按计划发挥作用时，通常发生在公司领导层不支持实施或维护关键过程安全设备或没有对支持设备生命周期的一个或多个阶段的人员进行充分培训时。出于这个原因，已经发布了关于改进公司过程安全的附加指南[100]。

10.3.2 了解危害和风险支柱薄弱的影响

在图10.2所示的瞬态操作模式事故中，有25%是由包含过程信息、危害辨识与风险分析要素的支柱Ⅱ造成的。当正常的开车和停车程序得到正确制定和实施时，这些瞬态操作模式下的过程安全风险就会降到最低。然而，由于无法预测每一次异常或紧急停车和开车，因此在做出决策和行动之前，应对不可预测事件的人员提出要求：其必须了解工艺流程知识。通常，在异常或紧急瞬态操作模式事件发生后，对潜在危害及其相关风险的认识不足才会变得明显。缺乏对工艺危害和风险的认识，不可避免地导致了事故的发生。

10.3.3 风险管理支柱薄弱的影响

在瞬态操作模式事故中，37%的事故是由此支柱Ⅲ中如下要素造成的：操作程序、资产完整性与可靠性、变更管理和应急管理(图10.2)。如果不降低支柱Ⅱ中的风险和最小化其过程安全风险，支柱Ⅲ中的要素就无法有效地设计、实施或维持。因此，这些风险管理计划和系统在应对因异常或紧急操作导致的瞬态操作模式停机时是不充分的。

由于行政管理不如工程控制有效，因此在瞬态操作模式期间不适当的运行程序被列为所有要素中最弱的一点也就不足为奇了(参见控制的层次结构[21,图3.6]和图10.2)。通常，这部分是不成文的、快速的、审查不充分的决定和在开车期间采取的行动。开车程序根本无法解决所有未知问题，响应(或缺乏响应)有时被证明是致命的。既定的正常开车和停车程序应指导决策，以便在意外问题出现时安全解决这些问题(有关更多意外停车相关指南，详见本书附录)。

在项目维护或设施停车后发生的意外开车问题通常是由设备的意外开车状态引起的。在其他时候，异常操作故障可能会导致设备的异常闲置状态或紧急停车。同样，由于设备未处于正常开车状态，开车期间会发生事故。对设备状态缺乏了解的部分原因可能是移交不当。有关防止程序切换不当的更详细讨论，请参见第3章。

支柱Ⅲ中导致瞬态操作模式事故的要素是资产完整性与可靠性要素。如果设备在正常操作期间发生灾难性故障，必须立即实施紧急停车。此外，当保障设备在异常或紧急操作期间未能按预期运行时，事件的后果会更糟。通过强大的检查、测试和预防性维护(ITPM)计划，可以防止过程和防护设备发生故障。

变更管理要素是支柱Ⅲ中导致瞬态操作模式事故的另一个要素(图10.2)。

变更计划的正式实施和持续管理有助于改善执行流程或设施停车团队之间的交接。然而，企业在有效管理未按计划进行时发生的变更方面却一直举步维艰。这种意外变化发生在调试和首次开车阶段。因此，设计和执行开车前要进行安全或操作就绪审查以充分确保顺利交接。但是，意外的设备状况或响应导致了需要进行故障排除。故障排除工作的结果包括临时停车或将设备置于“保持”位置的时间比预期长得多。

应急管理问题是在紧急停车期间出现的在瞬态操作模式期间导致事故的第六个最弱因素。当行政和工程控制不充分时，就会发生停车事件。人员无法安全应对紧急情况、防护设备不存在或未按计划运行。

一些瞬态操作模式事故报告指出，人员无法找到安全响应甚至管理损失事件所需的指导。有时人们不知道如何使用程序，包括如何安全响应、如何让领导响应以及如何对现场人员进行交代。有时，公司层级内部、外部应急响应人员以及设施周围受影响社区的通信不存在或未被理解和实施。有效的应急管理计划包括定期的应急响应计划演练和汇报会。其他出版物中提供了额外的应急管理指南[14,第18章][21,第11章]。

10.3.4　对资产完整性与可靠性要素的其他思考

如第10.3.3所述，在瞬态操作模式期间发生的一些事故部分是由于资产完整性与可靠性计划的弱点所造成的。许多此类事件的发生是由于受损设备未按预期运行——设备不适合使用。无论设备故障发生于何时，设计、制造、安装和运行正常的设备出现故障的原因，都是没有通过健全的ITPM计划对其进行预防和缓解工程控制方面的维护(关于整个设备生命周期的更多讨论，请参见第9章。)领导层对ITPM管理资源的有力支持至关重要，因为维护不足可能会导致并引发一些最严重的工业事故，其中一些事故特别是发生在设备启动过程中的事故，部分原因是由于不合理的维护计划造成的[101, pp. 124-125]。

不幸的是，一些事故报告指出，过程危害分析(PHA)只是“未能确定”事故原因，因此发生了“意外”或意外故障，并且没有足够的保障措施来保护人员、环境或财产免受损害。由于一些事件报告指出HIRA是一个薄弱环节，而没有考虑PHA团队在其审查期间应假设的内容，因此该要素似乎比可能的要大得多。这种观点倾向于将结果更多地偏向于无效的HIRA RBPS元素，如图10.2所示。没有一个PHA团队可以预测复杂过程中可能发生潜在故障的每种组合。因此，要素7中使用的PHA方法假设在支柱Ⅲ中的所有其他要素均已得到充分设计、实施并得到维持。这包括假设一个强大的ITPM计划存在并且是有效的。因此，不应该发生“意外”设备故障。本书附录中提供了对PHA HAZOP团队所做假设类型的更详细内容。

正如在第 4 章中所讨论的，工艺停车的维护策略包括协调操作组和维护组之间的时间表，因为在对设备进行维护时，设备应该是可用的。不需要工艺装置或公用设施停机的检查和测试更容易安排和执行；需要停机的检查和测试应与生产调度员协调。对意外发生故障的设备进行紧急维修会延误预期的生产计划，给整个公司的人员增加不必要的压力。同样，应制定强有力的 ITPM 计划，以帮助防止意外故障的发生，尤其是在安全运营所需的工程控制中使用的关键设备。

确保强大的 ITPM 计划的一种方法提出了两个有助于识别关键设备的问题：如何识别基本控制以及如何维护控制以防止意外故障？这些问题适用于所有操作模式：正常、异常、紧急和瞬态。这些问题的答案如下：

1）*如何确定基本控制措施？*关键工程和管理控制可以通过过程危害分析(PHA)确定，通常通过从危险与可操作性分析(HAZOP)中选择高风险场景并对其执行保护层分析(LOPA)(RBPS 元素 7)[102])。第 8 章简要介绍的 HAZOP/LOPA 方法可用于识别独立保护层(IPL)。被确定为工程控制的 IPL 是安全操作过程中必不可少的预防和缓解设备。

2）*如何保持控制以防止意外故障？*在 PHA 团队的工作完成后，维护组可以使用 PHA 的 IPL 设备列表来确定应包含在 ITPM 计划中的关键设备。维护组了解现场设备的故障机制并实施，有助于预测设备退化或未决故障的监控方法。第 6 章简要讨论了如何监控设备完整性。设备状态的异常情况管理方法包括工程控制(即预测性监控和响应)和管理控制(即警报管理和响应)。在其他地方提供了特定于资产完整性工作的其他资源[23][60]。

10.3.5　吸取经验教训支柱薄弱的影响

“从此类[过程安全]事件中吸取了教训。但并不是每个人都会学习。许多学习的人都忘记了。或者更糟的是，他们认为这些课程不适用于他们。”

P. R. Robinson[101, p. 123]

尽管吸取经验教训支柱中的要素仅占图 10.2 所示事件的 8%，但强大的过程安全计划已将这一支柱用于持续改进工作。

吸取经验教训支柱包含以下四个要素：事故调查、监测与指标、审计、管理评审与持续改进。事故调查是被动的——伤害已经造成。另一方面，审查和审计是主动的——在损害发生之前确定是可以解决的问题。尽管使用领先和滞后指标识别指标的 CCPS 指南没有专门针对瞬态操作模式[103]的指标，但许多用于异常操作的指标将适用于瞬态操作模式。基于本书讨论的潜在指标可以在开车或停车期间关注以下项目：

- 基本过程控制系统(BPCS)：在瞬态操作期间未满足预期转换条件的次数；
- 仪表和报警：在瞬态操作期间超过过渡时间内预期值的次数；
- 开车和停车程序：按照既定时间表按时审查或更新的程序数量；在过渡期间必须更改程序的次数；
- 紧急停车程序：按既定时间表及时审查或更新的程序数量；审查期间实际使用的程序次数(通常表示来自其他 RBPS 要素的问题，例如由于灾难性设备故障导致 ITPM 不足)。

如果选定的指标和指标不符合为安全开车或停车所建立的预期，则可以在过渡期间出现问题之前确定并实施主动措施。

本节讨论了薄弱的支柱和要素，它们受过程安全文化以及领导层在整个组织中对过程安全计划提供多少支持和资源的影响。强大的过程安全文化会渗透到良好的操作纪律(将在下一节讨论)、有效过程安全系统的更好设计和实施以及过程安全绩效的提高中。

10.4 操作纪律薄弱的影响

公司的操作纪律(OD)是有效过程安全计划的基础之一，与其对过程安全支柱的承诺以及维持其在支柱Ⅱ、Ⅲ和Ⅳ中的管理系统密切相关。薄弱的运营准则要素(支柱Ⅲ，要素 15)反映在公司 OD 的弱点上。尽管 OD 难以衡量，但通过使用以下简化风险方程表达其定性影响来考虑其对风险的影响是有用的：

其他出版物中提供了有关此公式的详细信息[21, p. 85][49]。作为 OD 如何定性影响风险的示例，OD 项位于分母中：

$$风险=\frac{频率\times结果}{f(操作纪律)}=\frac{F\times C}{\mathrm{OD}} \tag{10.1}$$

式(10.1)的分母值表示以下内容：

式(10.1)中　1/1(或“1”)——100% OD，每个人每次都做对；

1/2(或“0.5”)——50% OD，即所有事情都做对，或做错的时间只占一半。

因此，50%OD 的实际风险是 100%OD 的预期风险的两倍。随着 OD 性能的提高，它越接近 100%合规性和组织中每个人的有效运营。当每个人都遵守他们的程序、标准和指南时，尤其是在设计、操作、维护和更换设备时，过程安全风险就会降到最低。

表 10.1 显示了一些用于过程设计、危险识别和风险评估的良好 OD 示例以及它们如何影响瞬态操作模式；用于表 10.2 中的操作和维护；表 10.3 中的变更、应急响应和事件调查；以及监控表 10.4 中过程安全系统的有效性。

表 10.1　流程设计、危害识别和风险评估的良好操作纪律示例
（改编自[49，表 1]）

过程安全系统	RBPS 要素	瞬态操作期间良好操作纪律的示例
设计安全过程	过程知识管理	了解潜在危险；有效记录用于设置转换相关参数指南的过程安全信息和技术信息
识别和评估过程危害	危害辨识与风险分析	识别可能发生的任何其他危险条件（例如温度、压力或处理极端情况）
评估和管理过程风险		定义可能与正常操作期间不同的"可容忍"风险参数；确定在过渡期间可能需要实施的额外行政或工程控制

表 10.2　良好的操作和维护操作纪律示例
（改编自[49，表 1]）

过程安全系统	RBPS 要素	瞬态操作期间良好操作纪律的示例
操作安全过程	操作程序	在过渡期间为运营设施提供充足的资源；编写安全开车、停车和紧急停车程序，包括在过渡时间内定义安全操作限制；遵循这些安全操作程序（例如，不要超过安全操作限制）；维护程序；确保班次的一致性；审查和验证关键程序
	安全作业实践	遵守安全工作程序（例如，工作许可；作业安全分析；高温作业、电气隔离等）
	培训与绩效考核	定义开车和停车时间的位置资格；在过渡时期测试理论理解；在过渡期间通过技能展示获得资格；并安排必要的进修培训
	承包商管理	使用合格的承包商（例如，安装设备或检查和翻新/维护安全措施）
保持过程完整性与可靠性	资产完整性与可靠性	确保所有保障措施的有效检查、测试和预防性维护（ITPM）计划；为维护团队提供足够的资源，为计划内或延长的停工做准备；坚持对关键保障措施进行计划维护；在开车或调试之前，根据需要使用合格人员检查、测试和翻新防护装置

表 10.3 变更、应急响应和事故调查的良好操作纪律示例
(改编自[49，表 1])

过程安全系统	RBPS 要素	瞬态操作期间良好操作纪律的示例
更改过程安全	变更管理	在过渡期间识别并快速响应提议的变更；评估与变更相关的风险；正确批准和授权更改；有效地传达变化；并有效地记录变更
	开车准备	在恢复运营之前遵循并完成安全工作程序(例如，工作许可；作业安全分析；高温作业、电气隔离等)；进行操作准备/开车前安全审查；并有效地管理和记录移交
管理事件响应和调查	应急管理	如果在过渡期间发生事件，则为应急响应计划制定应急措施；如果在过渡期间需要解决特殊情况，则为响应团队提供足够的资源
	事故调查	识别和评估在过渡期间发生的事故，包括未遂事故；为调查团队提供足够的资源；确定因果因素(例如，初期和潜在的；系统性的)；识别系统或文化问题；主动评估突发事件；共享和实施从其他地点(公司内部和外部)发生的事件中吸取的教训

表 10.4 用于监测有效性的良好操作纪律示例
(改编自[49，表 1])

过程安全系统	RBPS 要素	瞬态操作期间良好操作纪律的示例
监控过程安全计划的有效性	监测与指标	识别、趋向和跟踪过渡时期的领先和滞后指标；处理和共享调查结果(公司内部和外部，视情况而定)
	审计	安排审核，包括瞬态操作模式程序；记录、处理和共享调查结果(公司内部和外部，视情况而定)
	管理评审与持续改进	在过渡期间安排区域管理审查；记录、处理和共享调查结果(公司内部和外部，视情况而定)

尽管 OD 不能充分代表管理过程安全风险时固有的复杂性，但弱 OD 会导致公司的过程安全绩效不佳。此外，如果领导层没有实施改进的操作纪律，公司的风险将会增加，因为设计和实施的系统不会随着时间的推移而持续和退化。由于详细介绍操作规程超出了本书的范围，因此鼓励读者查阅其他出版物[21, p. 第4章][104][49]。

10.5 提高过程安全绩效的方法

过程安全是一个全球性、多行业、多文化的进程[105][106]。今天的全球拥有更

好的协作工具，并且每年都在不断改进，在与过程安全相关的会议和出版物中全行业共享新信息。2007 年建立 CCPS RBPS 要素为解决当前的系统方法奠定了基础。这些要素涵盖了有效过程安全计划的许多基本部分；它们如何相互影响——如何使用已建立的系统来管理它们——是一个成长和理解成熟的领域，尤其是在过渡时期。

专业组织正在开展区域和全球范围内合作，以继续提高过程安全绩效，包括 CCPS 的“愿景 20/20”[107]。

再次强调，人们应该通过全面、良好沟通的事故教训报告和未来过程安全绩效的方向，从事故中吸取教训，这一点很重要。

我们的进程还在继续！

附录　瞬态操作模式：事故回顾和指导

A.1　概述

本附录提供了本书中引用的事故的更多细节，并在开车和停车过程中出现意外问题时，对预期正常操作的偏差提供了一些指导。本附录的内容如下：

- 瞬态操作模式期间的事故回顾（A.2 节）。
- 管理瞬态操作模式期间的意外情况（A.3 节）。
- 预见和处理计划外的问题：
  - ○ 功能失效（第 A.3.1 节）；
  - ○ 工程控制（第 A.3.2 节）
  - ○ 行政管理（第 A.3.3 节）。

A.2　瞬态操作模式期间的事故回顾

在开车和停车过程中发生的事故如图 A.2 所示。在正常过程或设施停用期间发生的事故不包括在内，因为设备不是在改变运行状态中——它们处于稳定、静止状态。请注意，这个数字是根据以下时间线计算出来的，并且是基于一个连续的过程：

- 正常操作（图 3.2）；
- 工艺或设施停用（图 4.3）；
- 异常操作（图 6.3 和图 7.1）；
- 紧急操作（图 8.2 和图 8.3）。

重要的是要认识到，根据之前发生的停车类型，有几个与开车相关的步骤需要解决。当操作人员在不了解工艺流程关闭的原因或设备在关闭后的“最终”状态的情况下尝试重新开车时，就会发生事故。表 A.2-1 总结了不同的停车和对应的不同响应及后续开车情况。安全、无事故的重新开车需要每个人都遵守操作规程(OD)。无论是意外停车、计划外停车还是紧急停车，每个人都必须了解并可以解决任何问题。第 10 章讨论了操作规程薄弱的影响，用简化的风险方程表明，在公司的各个层面增加操作规程有助于降低过程安全风险(式 10.1)。正如本书前面提到的，在准备试运行步骤时，当设备相关问题出现时，工艺和设施停车时也会出现与开车相关的问题。

在本书出版时，已经起草了对事故结果的进一步分析[108]。该文件阐述了过程安全文化和领导力及其对设施操作规程的影响，以有效和安全地管理其开车和停车。结论(类似于本书中更高层次的评估)是，在开车和停车过程中，如果工程控制措施没有得到维护，在行政管理措施无效下，发生事故的过程安全风险会更高。

表 A.2-2 列出了为本书编写时引用的事故；本表指出了 CCPS 基于风险的过程安全(RBPS)要素的缺点，并在第 10 章中进行了更详细的讨论。在其他章节中，仅对其中几起事故进行了详细讨论，其余事故的参考文献如下：

- 更多事故参考如下：
    - (CCPS 2007)[109]
    - (CCPS 2018)[67]
    - (CCPS 2019)[76]
    - (Marsh 2018)[36]
    - (Khan 2017)[110]
    - (Kletz 2009)[20]
    - (Sanders 2015)[2]
- 化学品安全及危害调查委员会(CSB)[111]
    - (CSB 2003a) Distillation Column Standby[73]
    - (CSB 2003b) DPC Enterprises[83]
    - (CSB 2005) Honeywell HF Release[84]

  - (CSB 2007) BP Texas City[47]
  - (CSB 2011a) Bayer CropScience[50]
  - (CSB 2011b) DuPont Belle Plant[112]
  - (CSB 2015a) Millard Refrigerated Sys. [18]
  - (CSB 2015b) DCRC[39]
  - (CSB 2015c) Chevron Richmond[61]
  - (CSB 2017) ExxonMobile Torrance Refinery[113]
  - (CSB 2018a) Husky Refinery[45]
  - (CSB 2018b) Arkema Crosby[78]
  - (CSB 2018c) Start-ups and Shut-downs[5]
  - (CSB 2018d) Kuraray America[114]

- CCPS 过程安全信标网站[115]:

  - (Beacon 2002) Vacuum Incidents[38]
  - (Beacon 2011) ConAgra and Kleen Energy[92]
  - (Beacon 2013a) Water Pump Explosions[116]
  - (Beacon 2013b) Pneumatic Testing[90]
  - (Beacon 2019) "Wrong" Instrument Reading[117]

- 表 A.2-2 中的其他参考资料:

  - (Behie 2008) Dolphin Energy[44]
  - (Bloch 2016) Bhopal[95]
  - (EPA 2018) Tosco Avon Refinery[118]
  - (EPSC 2019) Flare System[119]
  - (Fogler 2011) Monsanto[62]
  - (Meshkati 2014)[77]
  - (NFPA 2011) Hydrocracker Excursions[120]
  - (UK HSE 1997) Texaco Pembroke[68]

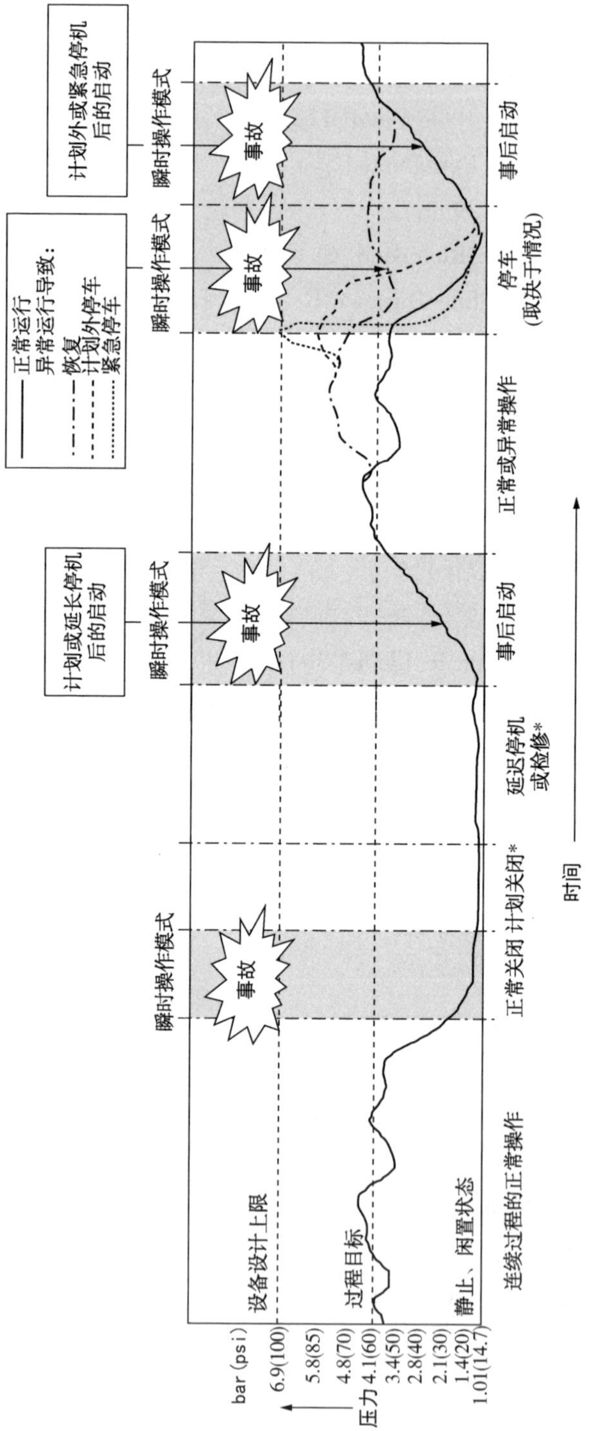

图A.2　瞬态操作模式期间发生事故的时间线

*包括计划或延长的停机所需的特殊准备时间。

表 A.2-1 瞬态操作模式的不同阶段情况

章节	设备操作	操作阶段			停车记录	恢复正常前可采用的步骤				
		开车	恢复	停车		开车应急响应团队(ERT)	调查原因	解决问题	是否特殊开车处理?	开车
3.2	正常操作	正常	N/A	正常	以正常安全、无事和静止状态停车	N/A	N/A	N/A	N/A	正常
6.3	异常操作	正常	恢复	N/A	N/A	N/A	有可能，如果找到原因	有可能，如果找到原因	N/A	N/A
7.1	异常操作	正常	N/A	计划外	以正常安全、无事和静止状态停车	特定场合	是	有可能，如果找到原因	N/A	正常
8.2	异常操作导致的紧急操作	正常	N/A	紧急	以正常安全、无事和静止状态停车 可能开车(ERT)	特定场合	是	有可能，如果找到原因	N/A	紧急停车后正常开车
8.3	异常操作导致的紧急操作	正常	N/A	紧急	以不同但安全的状态停车 可能开车(ERT)	特定场合	是	是	是	紧急停车后，处理了异常的终止状态
A.2.1	由于损失事故导致的紧急操作	正常	N/A	紧急	开车(ERT) 可能会开车应急响应计划(ERP)	是	是	是	是，如果终止状态异常	紧急停车后，处理了异常的终止状态。如果有需要的话

表 A. 2-2　瞬态操作模式期间的事故摘要

基于风险的过程安全(RBPS)要素			瞬态操作模式		**I 过程安全承诺**	过程安全文化	标准符合性	过程安全能力	全员参与	与利益相关方沟通	**II 了解危害和风险**	**过程知识管理**	危害辨识与风险分析	**III 风险管理**	操作程序	安全作业实践	资产完整性与可靠性	承包商管理	培训与绩效考核	变更管理	开车准备	操作纪律	应急管理	**IV 吸取经验教训**	事故调查	监测与指标	审计	管理评审与持续改进
事故			53%	47%		1	2	3	4	5		6	7		8	9	10	11	12	13	14	15	16		17	18	19	20
确定为“易损”的元件(见图 10.3)						5%	3%	6%	1%	2%		9%	15%		10%	3%	12%	1%	3%	8%	2%	3%	8%		4%	1%	1%	2%
已查明的 RBPS 原因数量		年份	35	31		16	12	20	3	6		30	52		35	10	40	5	12	27	8	11	29		15	4	3	7
第 1 章　绪论																												
参见 C7. 6. 3-1	米勒德制冷系统 (CSB 2015a)																											
第 4 章-表 1. 1 模式 3、4 计划停车																												
C4. 7. 1-1	DCRC 闪火 (CSB 2015b)	2015	1									1	1		1					1								
(停车)未在第 4 章中讨论																												
(C4. 7. 1) (A. 4-1)	更换机油和阀门 (Sanders 2015；第 153 页)	未知	1									1	1		1							1						
(C4. 7. 1) (A. 4-1)	储罐清洗 (Sanders 2015；第 155 页)	未知	1							1		1	1		1					1								

续表

基于风险的过程安全(RBPS)要素			瞬态操作模式		**Ⅰ 过程安全承诺**	过程安全文化	标准符合性	过程安全能力	全员参与	与利益相关方沟通	**Ⅱ 了解危害和风险**	**过程知识管理**	危害辨识与风险分析	**Ⅲ 风险管理**	操作程序	安全作业实践	资产完整性与可靠性	承包商管理	培训与绩效考核	变更管理	开车准备	操作纪律	应急管理	**Ⅳ 吸取经验教训**	事故调查	监测与指标	审计	管理评审与持续改进
事故			53%	47%		1	2	3	4	5		6	7		8	9	10	11	12	13	14	15	16		17	18	19	20
确定为“易损”的元件(见图 10.3)						5%	3%	6%	1%	2%		9%	15%		10%	3%	12%	1%	3%	8%	2%	3%	8%		4%	1%	1%	2%
已查明的 RBPS 原因数量		年份	35	31		16	12	20	3	6		30	52		35	10	40	5	12	27	8	11	29		15	4	3	7
(C.4.7.1)(A.4-1)	真空事故，清洁(Beacon 2002)	未知	1									1					1											
(C4.7.1)(A.4-1)	更换阀门(Sanders 2015；第 156 页)	未知	1									1	1		1													
C4.7.2-1	维护更换(Sanders 2015)	未知		1		1							1				1			1	1							
(开车)未在第 4 章中讨论																												
(C4.7.2)(A.4-1)	修复，冷炉(Kletz 2009；第 327 页)	未知		1								1	1		1		1		1									
(C4.7.2)(A.4-1)	水泵爆炸(Beacon 2013a)	未知		1								1			1		1											

续表

基于风险的过程安全(RBPS)要素			瞬态操作模式		Ⅰ **过程安全承诺**	过程安全文化	标准符合性	过程安全能力	全员参与	与利益相关方沟通	Ⅱ **了解危害和风险**	**过程知识管理**	危害辨识与风险分析	Ⅲ **风险管理**	操作程序	安全作业实践	资产完整性与可靠性	承包商管理	培训与绩效考核	变更管理	开车准备	操作纪律	应急管理	Ⅳ **吸取经验教训**	事故调查	监测与指标	审计	管理评审与持续改进
事故			53%	47%		1	2	3	4	5		6	7		8	9	10	11	12	13	14	15	16		17	18	19	20
确定为“易损”的元件(见图10.3)						5%	3%	6%	1%	2%		9%	15%		10%	3%	12%	1%	3%	8%	2%	3%	8%		4%	1%	1%	2%
已查明的RBPS原因数量		年份	35	31		16	12	20	3	6		30	52		35	10	40	5	12	27	8	11	29		15	4	3	7
第5章-表1.1模式5、6延迟停车																												
C5.6.1-1	海豚能源有限公司(Behie 2008)	2009			1						1			1										1				
C5.6.2-1	赫斯基高级炼油厂(CSB 2018a)	2018	1										1		1		1						1					
C5.6.3.-1	BP得克萨斯市(CSB 2007)	2005		1		1	1	1	1			1	1		1	1	1	1	1	1	1	1			1	1	1	1
(开车)未在第5章中讨论																												
(C5.6.3)(A.4-1)	拜耳作物科学公司(CSB 2011a)	2008		1		1						1	1		1		1		1		1		1					
(C5.6.3)(A.4-1)	蒸汽发电(Sanders 2015；第79页)	1991		1						1		1	1				1						1					

续表

基于风险的过程安全(RBPS)要素			瞬态操作模式		**I 过程安全承诺**	过程安全文化	标准符合性	过程安全能力	全员参与	与利益相关方沟通	**II 了解危害和风险**	过程知识管理	危害辨识与风险分析	**III 风险管理**	操作程序	安全作业实践	资产完整性与可靠性	承包商管理	培训与绩效考核	变更管理	开车准备	操作纪律	应急管理	**IV 吸取经验教训**	事故调查	监测与指标	审计	管理评审与持续改进
事故			53%	47%		1	2	3	4	5		6	7		8	9	10	11	12	13	14	15	16		17	18	19	20
确定为“易损”的元件(见图10.3)						5%	3%	6%	1%	2%		9%	15%		10%	3%	12%	1%	3%	8%	2%	3%	8%		4%	1%	1%	2%
已查明的RBPS原因数量		年份	35	31		16	12	20	3	6		30	52		35	10	40	5	12	27	8	11	29		15	4	3	7
(C5.6.3) (A.4-1)	乙烯装置开车 (Kletz 2009; 第408-411页)	未知		1		1		1							1		1			1	1				1			
(C5.6.3) (A.4-1)	之后开车 (Kletz 2009; 第252页)	未知		1													1											
第6章 恢复																												
C6.5-1	孟山都1969 (Fogler 2011)	1969				1						1	1		1		1			1		1						
第7章-表1.1模式7、8 计划外停车																												
C7.6.1-1	间歇真空仍然备用 (Kletz 2009; 第287-288页)	未知	1												1		1											

续表

基于风险的过程安全(RBPS)要素			瞬态操作模式		Ⅰ 过程安全承诺	过程安全文化	标准符合性	过程安全能力	全员参与	与利益相关方沟通	Ⅱ 了解危害和风险	过程知识管理	危害辨识与风险分析	Ⅲ 风险管理	操作程序	安全作业实践	资产完整性与可靠性	承包商管理	培训与绩效考核	变更管理	开车准备	操作纪律	应急管理	Ⅳ 吸取经验教训	事故调查	监测与指标	审计	管理评审与持续改进
事故			53%	47%		1	2	3	4	5		6	7		8	9	10	11	12	13	14	15	16		17	18	19	20
确定为“易损”的元件(见图 10.3)						5%	3%	6%	1%	2%		9%	15%		10%	3%	12%	1%	3%	8%	2%	3%	8%		4%	1%	1%	2%
已查明的 RBPS 原因数量		年份	35	31		16	12	20	3	6		30	52		35	10	40	5	12	27	8	11	29		15	4	3	7
C7.6.2-1	蒸馏塔备用(CSB 2003a)	2002	1									1	1		1	1	1		1				1		1			
(备用)未在第 7 章中讨论																												
(C7.6.2)(A.4-1)	埃克森美孚托伦斯公司(CSB 2017)	2015	1				1					1	1		1		1			1								
C7.6.3-1	米勒德制冷系统(CSB 2015a)	2010		1								1	2		1				1				1					
C7.6.4.1-1	福岛核电站(CCP 2019)	2011	1			1	1	1		1		1	1						1				1					
C7.6.4.2-1	乔治飓风(Marsh 2018)	1998	1									1	1															
C7.6.4.2-2	阿科马・克罗斯比(CSB 2018b)	2017	1									1	1										1					

续表

基于风险的过程安全(RBPS)要素			瞬态操作模式		I 过程安全承诺	过程安全文化	标准符合性	过程安全能力	全员参与	与利益相关方沟通	II 了解危害和风险	过程知识管理	危害辨识与风险分析	III 风险管理	操作程序	安全作业实践	资产完整性与可靠性	承包商管理	培训与绩效考核	变更管理	开车准备	操作纪律	应急管理	IV 吸取经验教训	事故调查	监测与指标	审计	管理评审与持续改进
事故			53%	47%		1	2	3	4	5		6	7		8	9	10	11	12	13	14	15	16		17	18	19	20
确定为“易损”的元件(见图 10.3)						5%	3%	6%	1%	2%		9%	15%		10%	3%	12%	1%	3%	8%	2%	3%	8%		4%	1%	1%	2%
已查明的 RBPS 原因数量		年份	35	31		16	12	20	3	6		30	52		35	10	40	5	12	27	8	11	29		15	4	3	7
(开车)未在第 7 章中讨论																												
(C7.6.4.2)(A.4-1)	雷击后(Kletz 2009；第 549-552 页)	未知		1		1		1		1		1	1				1			1								
(C7.6.4.2)(A.4-1)	德士古彭布罗克(UK HSE 1997)	1994		1		1						1			1		1			1			1					
(C7.6.4.2)(A.4-1)	埃索·朗福德(Khan 2017，第 2 章)	1998		1		1	1	1				1	1		1				1			1			1	1		
C7.6.4.3-1	水文事故	未知																										
C7.6.4.4-1	冰雹(CCPS 2018)	未知	1										1															
第 8 章-表 1.1 模式 9、10 紧急停车																												
C8.6.1-1	由紧急停车引起的	无																										
C8.6.2-1	DPC 有限责任公司(CSB 2003b)	2002	1														1						1					

续表

基于风险的过程安全(RBPS)要素			瞬态操作模式		I 过程安全承诺	过程安全文化	标准符合性	过程安全能力	全员参与	与利益相关方沟通	II 了解危害和风险	过程知识管理	危害辨识与风险分析	III 风险管理	操作程序	安全作业实践	资产完整性与可靠性	承包商管理	培训与绩效考核	变更管理	开车准备	操作纪律	应急管理	IV 吸取经验教训	事故调查	监测与指标	审计	管理评审与持续改进
事故			53%	47%		1	2	3	4	5		6	7		8	9	10	11	12	13	14	15	16		17	18	19	20
确定为“易损”的元件(见图 10.3)						5%	3%	6%	1%	2%		9%	15%		10%	3%	12%	1%	3%	8%	2%	3%	8%		4%	1%	1%	2%
已查明的 RBPS 原因数量		年份	35	31		16	12	20	3	6		30	52		35	10	40	5	12	27	8	11	29		15	4	3	7
(停车)未在第 8 章中讨论																												
(C8.6.2)(A.4-1)	雪佛龙里士满炼油厂(CSB 2015c)	2012	1			1	1		1			1					1						1		1	1	1	
C8.6.3-1	霍尼韦尔 HF 泄放(CSB 2005)	2003		1									1		1	1												
第 9 章-首次开车(项目)																												
生命周期事故	气动测试(Beacon 2013b)	2007		1									1			1												
C9.4.1-2	管道上的新过滤器(Sanders 2015)	未知		1									1							1	1							
(调试)未在第 9 章中讨论																												
(C9.4.1)(A.4-1)	储罐(Kletz 2009；第 463 页)	未知		1				1				1	1					1			1	1	1					

续表

基于风险的过程安全(RBPS)要素			瞬态操作模式		Ⅰ **过程安全承诺**	过程安全文化	标准符合性	过程安全能力	全员参与	与利益相关方沟通	Ⅱ **了解危害和风险**	**过程知识管理**	危害辨识与风险分析	Ⅲ **风险管理**	操作程序	安全作业实践	资产完整性与可靠性	承包商管理	培训与绩效考核	变更管理	开车准备	操作纪律	应急管理	Ⅳ **吸取经验教训**	事故调查	监测与指标	审计	管理评审与持续改进
事故			53%	47%		1	2	3	4	5		6	7		8	9	10	11	12	13	14	15	16		17	18	19	20
确定为“易损”的元件(见图10.3)						5%	3%	6%	1%	2%		9%	15%		10%	3%	12%	1%	3%	8%	2%	3%	8%		4%	1%	1%	2%
已查明的RBPS原因数量		年份	35	31		16	12	20	3	6		30	52		35	10	40	5	12	27	8	11	29		15	4	3	7
(C9.4.1)(A.4-1)	冗余压力容器(Kletz 2009;第181页)	未知		1									1			1		1										
(C9.4.1)(A.4-1)	库拉雷美国(CSB 2018d)	2018		1											1	1				1								
C9.4.2-1	康尼格拉和克莱恩能源公司(Beacon 2011)	2010		1									1			1												
(开车)未在第9章中讨论																												
(C9.4.2)(A.4-1)	冷凝蒸汽(Sanders 2015;第75页)	未知		1								1	1		1					1								
(C9.4.2)(A.4-1)	气动试验(Kletz 2009;第370页)	未知		1								1	1		1		1		1									

续表

基于风险的过程安全(RBPS)要素			瞬态操作模式		Ⅰ 过程安全承诺	过程安全文化	标准符合性	过程安全能力	全员参与	与利益相关方沟通	Ⅱ 了解危害和风险	过程知识管理	危害辨识与风险分析	Ⅲ 风险管理	操作程序	安全作业实践	资产完整性与可靠性	承包商管理	培训与绩效考核	变更管理	开车准备	操作纪律	应急管理	Ⅳ 吸取经验教训	事故调查	监测与指标	审计	管理评审与持续改进
事故			53%	47%		1	2	3	4	5		6	7		8	9	10	11	12	13	14	15	16		17	18	19	20
确定为“易损”的元件(见图 10.3)						5%	3%	6%	1%	2%		9%	15%		10%	3%	12%	1%	3%	8%	2%	3%	8%		4%	1%	1%	2%
已查明的 RBPS 原因数量		年份	35	31		16	12	20	3	6		30	52		35	10	40	5	12	27	8	11	29		15	4	3	7
(C9.4.2)(A.4-1)	管道残渣(Kletz 2009；第 370 页)	未知		1											1	1	1											
第 9 章-暂停生命周期事故																												
C9.9.1-2	搁置容器(Kletz 2009；第 455 页)	未知		1								1	1		1						1							
C9.9.2-1	退役闲置不用	未知																										
第 9 章-退役生命周期事故																												
C9.9.1-2	冗余管道拆除(Kletz 2009；第 367-368 页)	未知	1										1			1			1									
C9.9.2-1	博帕尔(Bloch 2016)	1984	1			1	1	1	1	1		1	1		1	1	1	1	1	1	1	1	1		1	1	1	1

续表

基于风险的过程安全(RBPS)要素			瞬态操作模式		**I 过程安全承诺**	过程安全文化	标准符合性	过程安全能力	全员参与	与利益相关方沟通	**II 了解危害和风险**	过程知识管理	危害辨识与风险分析	**III 风险管理**	操作程序	安全作业实践	资产完整性与可靠性	承包商管理	培训与绩效考核	变更管理	开车准备	操作纪律	应急管理	**IV 吸取经验教训**	事故调查	监测与指标	审计	管理评审与持续改进
事故			53%	47%		1	2	3	4	5		6	7		8	9	10	11	12	13	14	15	16		17	18	19	20
确定为“易损”的元件(见图10.3)						5%	3%	6%	1%	2%		9%	15%		10%	3%	12%	1%	3%	8%	2%	3%	8%		4%	1%	1%	2%
已查明的RBPS原因数量		年份	35	31		16	12	20	3	6		30	52		35	10	40	5	12	27	8	11	29		15	4	3	7
退役(未讨论)																												
(C9.9.1)(A.4-1)	杜邦百丽工厂(CSB 2011b)	2010	1			1						1					1						1		1			
开车或停车瞬态操作模式事故来自：CCP 2019(更多事故定义过程安全)																												
	T2实验室公司失控反应			1		1	1	1					1							1			1		1			
	米勒德氨制冷服务		1									1	1										1					
	Hoechst-Griesheim失控反应			1				1											1			1						
	Arco通道视图爆炸			1				1									1											
	美国尼尔港爆炸		1										1		1													

续表

基于风险的过程安全(RBPS)要素		瞬态操作模式		**I 过程安全承诺**	过程安全文化	标准符合性	过程安全能力	全员参与	与利益相关方沟通	**II 了解危害和风险**	**过程知识管理**	危害辨识与风险分析	**III 风险管理**	操作程序	安全作业实践	资产完整性与可靠性	承包商管理	培训与绩效考核	变更管理	开车准备	操作纪律	应急管理	**IV 吸取经验教训**	事故调查	监测与指标	审计	管理评审与持续改进
事故		53%	47%		1	2	3	4	5		6	7		8	9	10	11	12	13	14	15	16		17	18	19	20
确定为“易损”的元件(见图10.3)					5%	3%	6%	1%	2%		9%	15%		10%	3%	12%	1%	3%	8%	2%	3%	8%		4%	1%	1%	2%
已查明的RBPS原因数量	年份	35	31		16	12	20	3	6		30	52		35	10	40	5	12	27	8	11	29		15	4	3	7
希克森与威尔士喷射火		1				1						1		1		1			1								
雪佛龙里士满炼油厂火灾		1			1	1										1						1					
邦斯菲尔德仓库储罐		1			1	1						1		1		1			1								
塞拉尼斯潘帕爆炸							1					1									1						
Hayes Lemmerz粉尘爆炸			1			1	1				1	1		1		1		1	1		1			1			
马孔多油井深水地平线		1			1	1								1		1	1		1		1			1			
杜邦拉波特甲硫醇		1									1	1		1					1			1					
DPC氯气企业		1														1						1					

续表

基于风险的过程安全(RBPS)要素		瞬态操作模式		I 过程安全承诺	过程安全文化	标准符合性	过程安全能力	全员参与	与利益相关方沟通	II 了解危害和风险	过程知识管理	危害辨识与风险分析	III 风险管理	操作程序	安全作业实践	资产完整性与可靠性	承包商管理	培训与绩效考核	变更管理	开车准备	操作纪律	应急管理	IV 吸取经验教训	事故调查	监测与指标	审计	管理评审与持续改进
事故		53%	47%		1	2	3	4	5		6	7		8	9	10	11	12	13	14	15	16		17	18	19	20
确定为“易损”的元件(见图10.3)					5%	3%	6%	1%	2%		9%	15%		10%	3%	12%	1%	3%	8%	2%	3%	8%		4%	1%	1%	2%
已查明的RBPS原因数量	年份	35	31		16	12	20	3	6		30	52		35	10	40	5	12	27	8	11	29		15	4	3	7
盖洛德化学公司四氧化氮		1												1							1	1					
福岛第一核电站		1					1		1			1										1					
开车或停车瞬态操作模式事故来自：CCP 2019(更多事故定义过程安全)																											
三里岛核电站		1					1					1				1						1		1			
俄罗斯切尔诺贝利核电站		1					1					1				1			1								
墨西哥城墨西哥石油公司码头		1										1				1						1					1
土耳其图普拉斯炼油厂地震		1										1				1						1					

续表

基于风险的过程安全(RBPS)要素			瞬态操作模式		Ⅰ 过程安全承诺	过程安全文化	标准符合性	过程安全能力	全员参与	与利益相关方沟通	Ⅱ 了解危害和风险	过程知识管理	危害辨识与风险分析	Ⅲ 风险管理	操作程序	安全作业实践	资产完整性与可靠性	承包商管理	培训与绩效考核	变更管理	开车准备	操作纪律	应急管理	Ⅳ 吸取经验教训	事故调查	监测与指标	审计	管理评审与持续改进
事故			53%	47%		1	2	3	4	5		6	7		8	9	10	11	12	13	14	15	16		17	18	19	20
确定为“易损”的元件(见图10.3)						5%	3%	6%	1%	2%		9%	15%		10%	3%	12%	1%	3%	8%	2%	3%	8%		4%	1%	1%	2%
已查明的RBPS原因数量		年份	35	31		16	12	20	3	6		30	52		35	10	40	5	12	27	8	11	29		15	4	3	7
	德士古炼油厂米尔福德港		1					1					1		1		1			1			1					
	Elf精炼厂法国布莱夫费津		1										1				1			1			1					
	BP英国石油格兰杰默斯公司		1					1					1		1		1			1			1		1			1
	澳大利亚埃索·朗福德			1				1					1				1			1			1		1			1
	英国弗利克斯伯勒			1									1				1			1			1					
	加利福尼亚州托斯科雅芳炼油厂			1				1					1		1		1			1					1			1
	BP得克萨斯市			1				1					1		1		1			1			1		1			1

A.3 瞬态操作模式期间“预期意外”管理

尽管在瞬态操作模式事故中未提及“预期意外”概念，但该概念并非新概念[121]。根据所有操作模式期间发生的重大过程安全事故，在每个模式中应用该概念的空间很大。由于应了解可能发生的意外情况的类型，因此本节提供了关于如何最好地预测计划外但“预期”停车情况的更详细指导：

- 公用工程损失（第 A.3.1 节）；
- 工程控制问题（第 A.3.2 节）；
- 行政管理问题（第 A.3.3 节）。

本节最后简要讨论了在管理危险过程风险时“将偏差正常化”和保持危机感的危险性（第 A.3.4 节）。

A.3.1 预测和解决公用工程的意外损失

如第 7 章所述，危害分析团队可以使用检查表评估公用工程的损失，帮助团队预测问题，并建立安全停车和安全重启程序。例如，在正常运行期间的某个时刻，可能会发生突然、意外的断电，从而导致整个设施停车。因此，设施已制定保障措施，以确保有可靠的备用应急电源，可用于安全停车受影响的设备。表 A.3-1中提供了可能危及安全管理过程所需工程控制的其他潜在公用工程损失的有用检查表。

表 A.3-1 公用工程损失清单

公用工程		受损失影响的设备
1	电力	对 PLC、联锁装置、泵等的影响；电涌
2	备用电气系统	发电机、不间断电源（UPS）
3	仪表风	仪表或工艺空气（干燥；潮湿；污染）；高压空气；气力输送系统
4	惰性气体	惰性或净化大气；氮氩；污染
5	燃料（气体）	天然气（包括液化石油气、液化石油气）、氢气
6	燃料（“热油”）	热媒、导热油
7	蒸汽	分配、发电（锅炉）、热凝结水
8	冷却系统	冷却水、制冷、空调、乙二醇
9	循环水	冷却（见上文）、工艺、热水（与蒸汽）

续表

公用工程		受损失影响的设备
10	废水处理	工艺、卫生、下水道(见生物交叉参考)
11	真空	(见压力)
12	焚烧炉	热氧化剂
13	应急响应系统	哈龙灭火系统、消防供水、喷淋供水

A. 3. 2 预测和解决计划外工程控制问题

第 6 章介绍了一个示例矩阵，该矩阵列出了连续过程的危险与可操作性分析(HAZOP)中使用的一些引导词(表 6. 1)。表 A. 3-2 给出了连续和批量操作更全面的引导词矩阵。尽管这些指南主要关注与正常运行参数的偏差，但指南也可用于预测和帮助确定与停车和开车程序相关的安全参数。

HAZOP 团队还将根据所审查的情景调查设备设计。设备应该是故障安全的，具有自动抵消预期偏差(如断电)影响的功能。如果某个组件、信号或公用工程发生故障，系统会启动，将系统恢复到安全状态，则该系统为故障安全系统[34]。根据场景和工艺应用，故障安全型阀门可能需要关闭(或保持关闭)、打开(或保持打开)或在其当前操作位置保持不变，无论是完全停车、完全打开还是介于两者之间的任何位置。因此，对于设备的意外停车，它应该是故障安全的。

此外，危害分析团队在开发潜在场景时，应了解已发生问题的历史。

在开车和停车的瞬态操作模式期间，潜在的火灾、爆炸或有毒物质释放问题包括以下项目(改编自参考文献[8, p. 7])：

1. 在有火源的情况下，燃料与氧气混合后发生燃烧或爆炸。
2. 爆炸会损坏附近的设备，造成其他易燃材料的释放，这些易燃材料随后可能被点燃和燃烧(多米诺效应)。
3. 破坏或破坏管道和设备的破坏性压力，包括：
   a. 当水无意中与热油混合时，压力波动较大；
   b. 当冷却设备中的冷凝材料受热并迅速膨胀时，压力波动较大；
   c. 当容器或管道内容物在没有膨胀空间的情况下加热时，内部压力过大(例如，换热器堵塞)；
   d. 当热物料冷却和冷凝时，容器和设备中的真空被堵塞(例如在停车准备过程中用于清洁的蒸汽)。

表 A.3-2 危险与可操作性分析(HAZOP)引导词矩阵

项目	设计参数(“设计条件”)								
	连续或批量操作							间歇操作	
引导词	流量	温度	压力	液位(接口)	组分	状态	反应	时间	顺序
过高	流量过高	温度过高	压力过高	液位过高	浓度过高	附加相位	高效	太长	步骤太迟
过低	流量过低	温度过低	压力过低	液位过低	浓度过低	相位损失	低效	太短	步骤太早
无	无流量	低温	真空	无液位			无反应	未开始	步骤丢失
部分					错误浓度		不完全反应		遗漏一部分步骤
额外			高/低压接口	液/液接口	污染物/杂质	污染物/杂质	副反应		步骤中的额外行动
异常	相反				错误的物料	错误的物料	反向反应		退后一步
	流向错误					状态变化	错误反应	时长错误	采取错误行动
其他参数包括：	泄漏/破裂(换热器管程)，泄漏/破裂(容器、储罐)，混合，吹扫/惰化，取样，pH，静电荷，电流，电压								
	特定节点；开车/停车危险；紧急行动；特殊维护危害(机械和/或电气)；腐蚀/侵蚀危害；特殊安全问题(除普通 PPE 外)								
	特定于区域(跨所有节点)；环境危害(如绝缘下的腐蚀、接地等)；人为因素；设施选址								

当水未排出或流量损失时，水可能冻结，冰膨胀并损坏管道(即“死管”)或设备。不幸的是，与冻结相关的损害通常是在环境或工艺材料的温度升高、冰融化以及危险物料失去控制后检测到。

因此，过渡时间可能会出现异常情况，需要 PHA 团队解决异常情况。其他地方提供了一系列瞬态操作引导词用于安全环保 HAZOP 的执行[122,p. 9/33]。这些引导词如下所示，使用以下引导词[122,pp. 附录B,30ff]描述了偏差示例(“异常操作”)：

- 瞬态操作开车；
- 瞬态操作停车；
- 瞬态操作提高设备功率；
- 负载瞬态改变导致紧急停车。

如第 10 章所述，在进行 HAZOP 分析时，过程危害分析(PHA)团队应做出许多假设。PHA 团队的目的不是评估其他 RBPS 要素的有效性，PHA 团队也没有时间确定其他要素中哪些是薄弱环节，因为其他 RBPS 要素中的薄弱环节应通过单独的结构化审查计划进行审查(即要素 19，图 10.1；另见参考文献[40])。我们认识到，如果这些假设中的任何一个不正确(RBPS 中的某个单独要素出现故障)，则无论 PHA 团队评估了多少种情况，在任何运行模式下都会发生正常、异常、紧急和瞬态事故。

PHA 团队和事故调查团队应了解基本危害分析团队的假设。由于 RBPS 要素之间的相互作用，仅列出不充分的危害辨识与风险分析要素可能无法充分捕获事故的实际原因，特别是如果 RBPS 要素中存在其他原因的组合。不应期望 PHA 团队使用 HAZOP 方法预测所有原因的组合。调查小组为 PHA 小组承担过多责任的例子已在其他地方讨论过，见参考文献[123，附录 D]。

由于不可能预测和确定每个偏差组合的停车和开车程序，因此 PHA 团队建立的假设必须记录在案，并将其清楚地传达给管理过程安全计划或要素的每个人。表 A. 3-3 中提供了 PHA 团队在 HAZOP 分析期间可作出的假设的综合清单。这些一般假设应在事故调查期间进行评估，因为并非所有可预见出现的情况都可以被预见，尤其是当一个上述工程控制或行政管理失效时。

表 A. 3-3　过程危害分析(PHA)团队 HAZOP 假设清单

1	HAZOP 在设想开展期间的假设	在评估瞬态操作模式时经常考虑
1. 1	这些场景基于一次偏离一个组件(例如，常开阀关闭或意外关闭)	异常操作
1. 2	不主动分析双重危险情况，但如果团队认为该情况可置信(例如，在一次生产调度过程中打开/停车多个阀门，或泵跳且止回阀未保持，导致逆流)，则应考虑双重危险情况	异常操作

续表

1.3	管理控制程序已到位，足以确保压力保护路径中的阀门保持开启(PHA 中注明了例外情况)	行政控制
1.4	控制阀周围的所有旁路均为常关(PHA 中注明了例外情况)	正常操作
1.5	如果管线因工艺或环境而被堵塞，则不会考虑流向错误	异常操作
1.6	防护装置和屏障已就位，以减少外力(如维护活动或车辆交通)影响工艺管道或设备的可能性	
1.7	通过工厂的车辆交通受到限制。管道的布置和设备的位置应使车辆对管道和设备的影响降至最低	
1.8	通常不考虑外部力量，如潮汐波、飓风、台风、沙尘暴、闪电、龙卷风、破坏行为等	极端天气
1.9	对于 HAZOP 分析工作表中描述的每种情况，以下预期(“全面”)保障措施未具体列为保障措施：操作工培训、资格认证和检查；维修培训和资格；消防和应急响应	
2	**过程知识管理(要素 6)的典型假设**	
2.1	根据“公认和普遍接受的良好工程实践(RAGAGEP)”或“最佳证明可用技术(BDAT)”，本审查下的设备适用于专门设计、制造、安装、操作和维护	设备意外故障
2.2	本次审查的带仪表的管道工艺流程图(P&ID)反映了现有的工艺设备、仪表和控制装置，如果适用，还反映了自上次审查以来对任何新设备或拆除设备的所有修改	变更管理
2.3	泄压系统设计文件包括对其尺寸和适用性的验证(例如，施工材料与工艺材料和流量类型的兼容性，如两相流)。除非 HAZOP 分析工作表中另有说明，否则当开车时，泄压系统将排放至安全位置	设备意外故障
2.4	设备的电气分类适用于装置中正在处理的危险品	
2.5	消防和缓解设备已安装，尺寸适当，功能齐全，并根据需要进行测试，以确保功能性和可靠性	设备意外故障
3	**操作程序(要素 8)的典型假设**	
3.1	操作程序描述了每个操作阶段(开车、正常、停车、临时、紧急停车和紧急停车后的开车，如适用)	瞬态操作
3.2	操作工经过充分培训以履行其工作职责	所有操作
3.3	该过程在正常条件下运行，并在偏差发生前按设计运行	正常操作

续表

4	**资产完整性与可靠性(要素 10)的典型假设**	
4.1	维护程序是书面的、最新的、理解的和遵循的	
4.2	机械师和电工经过培训，以履行其工作职责	
4.3	必要时对过程和安全警报进行测试，以确保其可靠性和功能性	设备意外故障
4.4	该设施有维护检查、测试和预防性维护计划(ITPM)	设备意外故障
5	**培训与绩效考核(要素 12)的典型假设**	
5.1	所有人员，包括操作工和维护人员，均接受过培训，了解其具体角色，并遵守设施的安全工作许可证，包括专门为动火作业、容器进入(密闭空间)和电气隔离(例如，上锁挂牌尝试或上锁挂牌)	人为或设备意外故障
6	**操作行为(操作纪律)(要素 15)的典型假设**	
6.1	危险区域的所有人员、操作工、维护人员、承包商和访客均穿戴该区域的个人防护设备(PPE)，并接受如何正确检查、穿戴和使用 PPE 的培训	人为故障
7	**应急管理(要素 16)的典型假设**	
7.1	编写应急响应计划，并将其传达给所有员工和承包商	人为故障
7.2	疏散信号已周知，并确定疏散路线	人为故障
7.3	检查和维护应急响应设备	设备意外故障
7.4	应急响应人员经过充分培训以执行其工作	人为故障

A.3.3 预测和解决计划外管理控制问题

尽管异常情况可能会导致异常操作(参见第 6 章)，但意外情况也可能导致执行工作的人员采取创造性的、出于善意的解决办法或“1min 的改变”(参见第 1 章)。这些快速变化会增加所有相关方的风险，接着不幸的是——会导致对人员、环境和财产造成伤害的严重事故。因此，意外情况也会引发每个人的“危机感”[121]。

根据本书回顾的许多事故，特别是在开车期间，都发生在意外情况下，即在未进行适当的危害识别和风险评估的情况下实施创造性变更。无论开车程序制定了多少细节，都可能有不符合预先计划的内容。请注意，预先计划不能预测所有潜在情况，只能在紧急情况下用作指南。在紧急情况下，会出现意想不到的情况[81]。解决意外问题的有效开车可遵循表 A.3-4 中列出的指南。参考文献[2, p.415-426]中提供了意外情况下以有效管理帮助预防过程安全事故的指南。

表 A.3-4　开车期间有效管理意外情况的步骤

1	计划开车(制定预计划——开车程序)
2	沟通开车计划，但是不能解决所有开车情况
3	执行开车预计划
4	**预测意外情况**(认识到预计划无法解决所有开车情况) 4a 如果没有出现意外问题，请转至步骤 7 4b 如果出现意外问题，请转至步骤 5
5	了解正在发生的事情(确定与预计划预期的不同之处)
6	通过以下方式安全地解决意外问题: 6a. 识别和解决意外问题 6b. 对预计划的开车程序进行更改 6c. 向所有相关团队和团队传达更新的开车计划 6d. 使用更新的开车计划恢复开车执行 6e. 转至步骤 4
7	流程安全运行后向所有团队成员汇报情况(流程在正常运行条件下运行时)

A.3.4　异常问题的正常化

当设施“问题正常化”并将问题视为正常操作时，就会发生正常操作期间的潜在风险[124]。问题正常化会导致自满，并最终导致危机感的丧失。必须认识到，当人员有以下状况时是比较危险的:

(1) 不承认状态不正常或未按计划进行;

(2) 未充分处理修改或非常规活动;或者问题时常发生在正常运行期间;

(3) 完全忽略异常情况，有时甚至在事故发生前数天甚至数月都不予理睬。见参考文献[20, p. 82-84]和参考文献[84, p. 85-87]。

鉴于其中一些意外情况为及时响应提供了充足的时间，这些异常情况本可以及早识别并积极响应，有助于防止损失事故。识别这些早期预警信号已在其他地方进行了更详细的讨论[125]。

参 考 文 献

[1] K. Davis, "The Safety Matrix: People Applying Technology to Yield Safe Chemical Plants and Products," in *Advances in Chemical Engineering*, *Vol. 14*, San Diego, CA USA, Academic Press, Inc., 1988, pp. 261–318.

[2] R. E. Sanders, Chemical Process Safety: Learning from Case Histories, Fourth Edition, Boston, USA: Elsevier, Butterworth–Heinemann, 2015.

[3] I. M. Duguid, "Analysis of Past Incidents in the Oil, Chemical and Petrochemical Industries," *IChemE Loss Prevention Bulletin 142*, no. 142, pp. 3–6, 1998.

[4] S. W. Ostrowski and K. Keim, "Tame Your Transient Operations: Use a special method to identify and address potential hazards," *Chemical Processing*, pp. 1–5, 23 June 2010.

[5] CSB, "CSB Investigations of Incidents During Startups and Shutdowns," US Chemical Safety and Hazard Investigation Board, Washington, D. C. USA, 2018.

[6] P. Okoh and S. Haugen, "Maintenance–related major accidents: Classification of causes and case study," *Journal of Loss Prevention in the Process Industries*, vol. 26, pp. 1060–1070, 2013.

[7] K. Kidam and M. Hurme, "Origin of equipment design and operation errors," *Journal of Loss Prevention in the Process Industries*, vol. 25, pp. 937–949, 2012.

[8] BP, "Safe Ups and Downs for Process Units (BP Process Safety Series)," IChemE, Rugby, UK, 2006.

[9] R. Jarvis and A. Goddard, "An Analysis of Common Causes of Major Losses in the Onshore Oil, Gas & Petrochemical Industries," Lloyd's Market Association, London, UK, 2016.

[10] B. Karthikeyan, "Moving Process Safety into the Board Room," *Chemical Engineering Progress*, no. September, pp. 43–46, 2015.

[11] OECD, "Corporate Governance for Process Safety: OECD Guidance for Senior Leaders in High Hazard Industries," OECD, Paris, France, 2012.

[12] T. Moore, "The failure of corporate management to equate process safety with production," *IChemE Loss Prevention Bulletin 257*, no. October, pp. 19–22, 2017.

[13] CCPS, Process Safety Leadership from the Boardroom to the Frontline, Hoboken, NJ USA: John Wiley & Sons, 2019.

[14] CCPS, Guidelines for Risk Based Process Safety (RBPS), New York, NY: AIChE, Wiley & Sons, 2007.

[15] CCPS, Guidelines for Hazard Evaluation Procedures, 3rd Edition, Hoboken, NJ: John Wiley & Sons, 2008.

[16] J. D. Kelly, "Formulating Production Planning Models," *Chemical Engineering Progress*, no. January, pp. 43-50, 2004.

[17] P. T. Otis and D. Hampson, "Improve Production Scheduling to Increase Energy Efficiency," *Chemical Engineering Progress*, no. March, pp. 45-51, 2017.

[18] CSB, "Key Lessons for Preventing Hydraulic Shock in Industrial Refrigeration Systems: Anhydrous Ammonia Release at Millard Refrigerated Services, Inc., Report 2010-13-A-AL," US Chemical Safety and Hazard Investigation Board, Washington, D. C. USA, 2015.

[19] B. Seggerman, "Ensuring Process Safety in Batch Tolling," *Chemical Engineering Progress*, no. December, pp. 34-40, 2017.

[20] T. A. Kletz, What Went Wrong? Case Histories and Process Plant Disasters and How They Could Have Been Avoided, Fifth Edition, Boston, USA: Elsevier, Gulf Publishing, 2009.

[21] J. A. Klein and B. K. Vaughen, Process Safety: Key Concepts and Practical Approaches, Boca Raton, FL USA: CRCPress, 2017.

[22] CCPS, Dealing with Aging Process Facilities And Infrastructure, Hoboken, NJ USA: John Wiley & Sons, 2018.

[23] CCPS, Guidelines for Asset Integrity Management, Hoboken, NJ USA: John Wiley & Sons, 2017.

[24] NDEP, "IV. Standard Operating Procedures (SOP) Data Form, Revision 3," Nevada Division of Environmental Protection (NDEP), Chemical Accident Prevention Program, Las Vegas, NV, USA, 2009.

[25] CSB, "Catastrophic Rupture of Heat Exchanger, Report 2010-08-I-WA," US Chemical Safety and Hazard Investigation Board, Washington, D. C. USA, 2014.

[26] CSB, "Investigation Report: Sterigenics (2004-11-I-CA)," US Chemical Safety and Hazards Investigation Board, Washinton, DC USA, 2006.

[27] J. I. Gustin, "How the study of accident case histories can prevent runaway reaction accidents from recurring," *Trans IChemE*, Vols. 80, Part B, no. January, pp. 16-24, 2002.

[28] N. Ramzan, S. Naveed, M. Rizwan and W. Witt, "Root Cause Analysis of Primary Reformer Catastrophic Failure: A Case Study," *Process Safety Progress*, vol. 30, no. 1, pp. 62-65, 2011.

[29] CCPS, Guidelines for Investigating Process Safety Incidents, Hoboken, N. J.: John Wiley &

Sons, 2019.

[30] CCPS Beacon, "Interlocked for a Reason," Center for Chemical Process Safety, New York, NY USA, June 2003.

[31] CCPS, Guidelines for Integrating Process Safety into Engineering Projects, Hoboken, NJ USA: John Wiley & Sons, 2019.

[32] MKOPSC, "Process Safety Taxonomy/Definitions," Mary Kay O'Connor Process Safety Center, wikips. tamu. edu, College Station, TX USA, 2019.

[33] CCPS, Guidelines for the Management of Change for Process Safety, Hoboken, NJ USA: John Wiley & Sons, 2008.

[34] CCPS, "CCPS Process Safety Glossary," Center for Chemical Process Safety, 2019. [Online]. Available: www. aiche. org/ccps.

[35] PMI, A Guide to the Project Management Body of Knowledge, Newton Square, PA: Project Management Institute, 2013.

[36] Marsh, "The 100 Largest Losses, 1978 - 2017, Large Property Damage Losses in the Hydrocarbon Industry, 25th Edition," Marsh & McLennan Companies, London, UK, 2018.

[37] CCPS, "The Safe Work Practices (SWP) Tool," Center for Chemical Process Safety, 2019. [Online]. Available: www. aiche. org/ccps.

[38] CCPS Beacon, "Vacuum is a powerful force!," Center for Chemical Process Safety, New York, NY USA, February 2002.

[39] CSB, " Key Lessons for Preventing Incidents When Preparing Process Equipment for Maintenance, Safety Bulletin No. 2015-01-I-DE," US Chemical Safety and Hazard Investigation Board, Washington, D. C. USA, 2017.

[40] CCPS, Guidelines for Auditing Process Safety Management Systems, Hoboken, NJ USA: John Wiley & Sons, 2011.

[41] CSB, *Comments on the State of Washington Department of Labor and Industries Division of Occupational Health Proposed Rule*, Washington, DC USA: U. S. Chemical Safety and Hazard Investigation Board, May 11, 2018.

[42] J. Perry, A. Hanna, S. Fernandez and G. Stevens, "Horses for Courses: Matching the Approach to Hazard Analysis With Project Schedule and Design Defininition," in *Hazards XXII, Symposium Series No. 156*, IChemE, Rugby, UK, 2011.

[43] MTI, "Guidelines for Mothballing of Process Plants," Materials Technology Institute (MTI) of the Chemical Process Industries, Inc., Saint Louis, MO USA, 1989.

[44] S. Behie, L. Lackzo, J. Murtaza, S. Lied, N. Cooper, N. Aulmann and A. Al Rahbi, "Effective Management of the HSE&S Aspects of a Major Plant Shutdown," in *Society of Petroleum Engineers*, 2010 *SPE Middle East Health, Safety, Security, anjd Environmental Conference*, Manama, Bahrain, 2010.

[45] CSB, " Factual Investigative Update, Husky Superior Refinery Explosion and Fire," US Chemical Safety and Hazard Investigation Board, Washington, D. C. USA, 2018.

[46] J.A. Baker, F. L. Bowman, G. Erwin, S. Gorton, D. Hendershot, N. Leveson, S. Priest, I. Rosenthal, P. Tebo, L. D. Wilson and D. A. Wiegmann, "The Report of the BP US Refineries Independent Safety Review Panel," www. bp. com/bakerpanelreport, [Online], 2007.

[47] CSB, "Refinery Explosion and Fire, Report No. 2005-04-I-TX," US Chemical Safety and Hazard Investigation Board, Washington, D. C. USA, 2007.

[48] B. K. Vaughen and J. A. Klein, "What you don't manage will leak; A tribute to Trevor Kletz," *Process Safety and Environmental Protection*, vol. 90, no. 5, pp. 411-418, 2012.

[49] B. K. Vaughen, J. A. Klein and J. W. Champion, " Our Process Safety Journey Continues: Operational Discipline Today," *Process Safety Progress*, vol. 37, no. 4, pp. 478-492, 2018.

[50] CSB, "Pesticide Chemical Runaway Reaction, Pressure Vessel Explosion, Report No. 2008-08-I-WV," US Chemical Safety and Hazards Investigation Board, Washington, D. C. USA, 2011.

[51] M. Naderpour, S. Nazir and J. Lu, "The role of situation awareness in accidents of large-scale technological systems," *Process Safety and Environmental Protection*, vol. 97, pp. 13-24, 2015.

[52] CCPS, " The Risk Analysis Screening Tool (RAST)," Center for Chemical Process Safety, 2019. [Online]. Available: www. aiche. org/ccps.

[53] W. Li, Y. Sun, Q. Cao, M. He and Y. Cui, " A proactive process risk assessment approach based on job hazards analysis and resilient engineering," *Journal of Loss Prevention in the Process Industries*, vol. 50, pp. 54-62, 2019.

[54] F. Ibrahm and J. Lebowitz, " Essentials of Job Hazard Analysis," *Chemical Engineering Progress*, no. November, pp. 52-56, 2018.

[55] G. Song, Khan, F. and Yang, M., "Probabilistic Assessment of Integrated Safety and Security Related Abnormal Events: A Case for Chemical Plants," *Safety Science*, vol. 113, pp. 115-125, 2019.

[56] F. Lees, Lees' Loss Prevention in the Process Industries, 3rd Ed., M. S. Mannan, Ed.,

Burlington, MA USA: Elsevier Butterworth-Heineman, 2005.

[57] DHS," CSAT Security Vulnerability Assessment (SVA) and Site Security Plan (SSP)," US Department of Homeland Security, 2019. [Online]. Available: www. dhs. gov/cisa/csat-sva-and-ssp.

[58] DHS," Chemical Sector Cybersecurity Framework Implementation Guide," US Department of Homeland Security (DHS), www. us-cert. gov, Washington, D. C., 2015.

[59] C. L. Smith," Process Control for the Process Industries, Part 1: Dynamic Characteristics," *Chemical Engineering Progress*, no. March, pp. 33-38, 2017.

[60] ASM Consortium," Abnormal Situation Management," The Abnormal Situation Management Consortium, 2019. [Online]. Available: www. asmconsortium. org.

[61] CSB," Chevron Richmond Refinery Pipe Rupture and Fire, Report 2012-03-I-CA," US Chemical Hazards and Safety Review Board, Washington, D. C. USA, 2015.

[62] H. S. Fogler, Essentials of Chemical Reaction Engineering, 1st Edition, Upper Saddle River, NJ USA: Prentice Hall, 2011.

[63] G. C. Vincent," Rupture of a Nitroanaline Reactor," *Chemical Engineering Progress*, vol. 67, no. 6, pp. 51-57, 1971.

[64] USDA," Help for Dealing with Plant Emergencies," US Department of Agriculture (USDA), Office of Outreach, Employee Education, and Training, Washington, DC USA, 2011.

[65] F. F. J. Liserio and P. W. Mahan," Manage the Risks of Severe Wind and Flood Events," *Chemical Engineering Progress*, vol. 115, no. 4, pp. 42-49, 2019.

[66] CCPS Monograph," Assessment of and planning for natural hazards," Center for Chemical Process Safety, New York, NY USA, 2019.

[67] CCPS, Guidelines for Siting and Layout of Facilities, Hoboken, NJ USA: John Wiley & Sonse, 2018.

[68] HSE," The explosion and fires at the Texaco Refinery, Milford Haven (Pembroke), 24 July 1994," UK Health and Safety Executive, Norwich, UK, 1997.

[69] R. E. Sanders," Hurrican Rita: An unwelcome visitor to PPG industries in Lake Charles, Louisiana," Journal of Hazardous Materials, vol. 159, pp. 58-60, 2007.

[70] H.K. Kytomaa, P. Boehm, J. Osteraas, B. Haddad, J. Hacker, L. Gilman, E. Jampole, P. Murphy and S. Souri," An integrated method for quantifying and managing extreme weather risks and liabilities for industrial infrastructure and operations," *Process Safety Progress*, vol. 38, p. e12087, 2019.

[71] R. E. Sanders," Expect the unexpected when thinking extreme weather," *Process Safety Progress*, vol. 38, p. e12082, 2019.

[72] M. S. Schmidt," Rare but conceivable: Determining the likelihood of meteors and other infrequent events," *Process Safety Progress*, vol. 38, p. e12090, 2019.

[73] CSB," Explosion and Fire, First Chemical Corporation," US Chemical Safety and Hazard Investigation Board, Report No. 2003-01-1-MS, Washington, DC USA, 2003.

[74] D. F. Schneider," Plant Power Failures: Case Study of Indirect Effects on a Worldscale Olefins Plant," Stratus Engineering, Inc., League City, Texas, USA, 1998.

[75] R. S. Ettouney and M. A. El-Rifai," Explosion of ammonium nitrate solutions, two case studies," *Process Safety and Environmental Protection*, vol. 90, pp. 1-7, 2012.

[76] CCPS, More Incidents that Define Process Safety, Hoboken, NJ USA: John Wiley & Sons, In Publication, 2019.

[77] H. Meshkati," Onagawa: The Japanese Nuclear Plant that Didn't Melt Down on 3/11," The Bulletin of the Atomic Scientists, Chicago, IL USA, 2014.

[78] CSB," Organic Peroxide Decomposition, Release, and Fire at Arkema Crosby Following Hurricane Harvey Flooding," US Chemical Hazards and Safety Board, Washington, D. C. USA, 2018.

[79] CCPS, Guidelines for Safe Automation of Chemical Processes, Second Edition, Hoboken, NJ USA: John Wiley & Sons, 2017.

[80] CCPS Beacon," What is a Safety Instrumented System?," Center for Chemical Process Safety, Beacon, New York, NY USA, July, 2009.

[81] D. White," Wrong Pasadena," *Industrial Fire World*, vol. 24, no. 5, pp. 6-20, 2009.

[82] R. A. McConnell," The Use of Slam Shut Valves on LCA Plants," Process Safety Progress, vol. 16, no. 2, pp. 61-68, 1997.

[83] CSB," Chlorine Release, Report No. 2002-05-I-MO," US Chemical Safety and Hazard Investigation Board, Washington, D. C. USA, 2003.

[84] CSB," Honeywell International, Inc., Report No. 2003-13-I-LA," U. S. Chemical Safety and Hazard Investigation Board, Washington, DC USA, 2005.

[85] B. K. Vaughen," An Approach for Teaching Process Safety Risk Engineering and Management Control Concepts Using AIChE's Web-based Concept Warehouse," Process Safety Progress, vol. 38, no. 2, pp. 1-18, 2019.

[86] Munich RE," Machinery and equipment damage during first start - up, testing and commissioning: A guide to loss prevention; HSB-LCE-RGN-13 Rev. 0 Date: 19/02/2016," London, UK, 2016.

[87] S. Mukherjee,"Preparations for Initial Startup of a Process Unit," *Chemical Engineering*; *www. che. com*, no. January, pp. 36-42, 2006.

[88] CCPS, Guidelines for Defining Process Safety Competency Requirements, Hoboken, NJ USA: John Wiley & Sons, 2015.

[89] I. J. Shin,"Loss Prevention at the startup stage in process safety management: From distributed cognition perspective with an accident case study," *Journal of Loss Prevention in the Process Industries*, vol. 27, pp. 99-113, 2014.

[90] CCPS Beacon," Air Power!," Center for Chemical Process Safety, Beacon, New York, NY USA, September 2013.

[91] CSB," Urgent Recommendations (includes ConAgra and Kleen Energy incidents)," US Chemical Safety and Hazard Investigation Board, Washington, D. C. USA, 2010.

[92] CCPS Beacon,"Flammable Vapor Release Hazards in Congested Areas," Center for Chemical Process Safety, New York, NY USA, August 2011.

[93] D. C. Hendershot,"Lessons from Human Error Incidents in Process Plants," *Process Safety and Environmental Protection*, vol. 84, no. B3, pp. 174-178, 2006.

[94] E. Seba,"Insight: In hours, caustic vapors wreaked quiet ruin on biggest U. S. Refinery," Reuters (reuters. com), Port Arthur, Texas, July 24, 2012.

[95] K. Bloch, Rethinking Bhopal: A Definitive Guide to Investigating, Preventing, and Learning from Industrial Disasters, New York, NY USA: Elsevier, 2016.

[96] B. K. Vaughen,"Three decades after Bhopal: What we have learned about effectively managing process safety risks," *Process Safety Progress*, vol. 34, pp. 345-354, 2015.

[97] B.K. Vaughen and K. Bloch,"Use the Bow Tie Diagram to Help Reduce Process Safety Risks," *Chemical Engineering Progress*, vol. 112, no. 12, pp. 30-36, 2016.

[98] A. L. Sepeda,"Understanding Process Safety Management," *Chemical Engineering Progress*, vol. 106, no. 8, pp. 26-33, 2010.

[99] P.R. Amyotte, S. Berger, D. W. Edwards, J. P. Gupta, D. C. Hendershot, F. I. Khan, M. S. Mannan and R. J. Willey,"Why major accidents are still occuring," *Current Opinion in Chemical Engineering*, vol. 14, pp. 1-8, 2016.

[100] CCPS,Essential Practices for Creating, Strenghtening, and Sustaining Process Safety Culture,

Hoboken, NY USA: John Wiley & Sons, 2018.

[101] P.R. Robinson, "Safety and the Environment, Chapter 2," in *Springer Handbook of Petroleum Technology*, *2nd Edition*, springer. com, Springer International Publishing AG, 2017, pp. 86–143.

[102] CCPS, Layer of Protection Analysis (LOPA): Simplified Risk Assessment, Hoboken, NJ USA: John Wiley & Sons, 2001.

[103] CCPS, "Process Safety Metrics: Guide for Selecting Leading and Lagging Indicators, Version 3. 2," Center for Chemical Process Safety, New York, NY USA, 2019.

[104] CCPS, Conduct of Operations and Operational Discipline, Hoboken, NJ USA: John Wiley & Sons, 2011.

[105] B. K. Vaughen and T. A. Kletz, "Continuing Our Process Safety Management (PSM) Journey," *Process Safety Progress*, vol. 31, no. 4, pp. 337–342, 2012.

[106] S. Z. Halim and M. S. Mannan, "A journey to excellence in process safety management," *Journal of Loss Prevention in the Process Industries*, vol. 55, pp. 71–79, 2018.

[107] CCPS, "Vision 20/20," Center for Chemical Process Safety, 2019. [Online]. Available: www. aiche. org/ccps/resources/vision-2020.

[108] B. K. Vaughen, "Understanding and managing risk during transient operations," in *2020 AIChE/CCPS Spring Meeting*, Houston, 2020.

[109] CCPS, Incidents that Define Process Safety, Hoboken, NJ USA: John Wiley & Sons, 2009.

[110] F. Khan and Editor, Methods in Chemical Process Safety, Volume I, Cambridge, MA USA: Academic Press, Elsevier, 2017.

[111] CSB, "CSB Investigations," US Chemical Safety and Hazard Investigation Board, 2019. [Online]. Available: www. csb. gov/.

[112] CSB, "E. I. DuPont de Nemours & Co., Inc.: Methyl Chloride Release, Oleum Release, Phosgene Release, Report No. 2010-6-I-WV," US Chemical Safety and Hazard Investigation Board, Washington, D. C. USA, 2011.

[113] CSB, "ExxonMobil Torrance Refinery, No. 2015-02-I-CA," U. S. Chemical Safety and Hazard Investigation Board, Washington, D. C. USA, 2017.

[114] CSB, "Fire at Kuraray America EVAL Plant, Factual Investigative Report," U. S. Chemical Safety and Hazard Investigation Board, Washington, DC USA, 2018.

[115] CCPS, "CCPS Process Safety Beacon," Center for Chemical Process Safety, 2019. [Online].

Available：www. aiche. org/ccps.

[116] CCPS Beacon,"Can a water pump explode?," CCPS, New York, NY USA, August, 2013.

[117] CCPS Beacon,"What if That "Wrong" Instrument Reading is Correct?," Center for Chemical Process Safety (CCPS), Beacon, New York, NY USA, April, 2019.

[118] EPA,"EPA Chemical Accident Investigation Report：Tosco Avon Refinery；EPA550-R-98-009," US EPA, Washington, D. C. USA, 1998.

[119] EPSC,"Release from Flare System, EPSC Learning Sheet," European Process Safety Centre (EPSC), www. epsc. be, Frankfurt am Main, Germany, May, 2019.

[120] G. W. Hampton and P. R. Robinson,"Controlling Hydrocracker Excursions, PD-11-01," in *NPRA Q&A and Technology Forum*, *Plant Automation & Decision Support*, San Antonio, TX USA, 2011.

[121] K. Weick and K. Sutcliffe, Managing the Unexpected：Sustained Performance in a Complex World, 3rd. Edition, Hoboken, NJ USA：Jossey-Bass, a Wiley Brand, 2015.

[122] IEE,"Report on possible Health, Safety and Environmental (HSE) hazards from biomass gasification plants, Deliverable 9," Intelligent Energy - Europe (IEE), Austria, 2007.

[123] CCPS, Guidelines for Integrating Management Systems and Metrics to Improve Process Safety Performance, Hoboken, NJ USA：John Wiley & Sons, 2016.

[124] CCPS,Recognizing and Responding to Normalization of Deviance, Hoboken, N. J.：John Wiley & Sons, 2018.

[125] CCPS,Recognizing Catastrophic Incident Warning Signs in the Process Industries, Hoboken, NJ USA：John Wiley & Sons, 2012.